춤추는 고래는 행복하다

춤추는 고래는 행복하다

지은이 | 류인현
초판 발행 | 2023. 11. 15
등록번호 | 제 1988-000080호
등록된 곳 | 서울특별시 용산구 서빙고로65길 38
발행처 | 사단법인 두란노서원
영업부 | 2078-3352   FAX | 080-749-3705
출판부 | 2078-3331

책 값은 뒤표지에 있습니다.
ISBN 978-89-531-4667-9   03230

독자의 의견을 기다립니다.
tpress@duranno.com   http://www.duranno.com

두란노서원은 바울 사도가 3차 전도여행 때 에베소에서 성령 받은 제자들을 따로 세워 하나님의 말씀으로 양육하던 장소입니다. 사도행전 19장 8-20절의 정신에 따라 첫째 목회자를 돕는 사역과 평신도를 훈련시키는 사역, 둘째 세계선교(TIM)와 문서선교(단행본·잡지) 사역, 셋째 예수문화 및 경배와 찬양 사역, 그리고 가정·상담 사역 등을 감당하고 있습니다. 1980년 12월 22일에 창립된 두란노서원은 주님 오실 때까지 이 사역들을 계속할 것입니다.

춤추는 고래는 행복하다

인생의 샬롬을 이루어 가는 21일 묵상

류인현 지음

두란노

결혼 25주년을 맞아
목회자의 아내로서, 세 아이의 엄마로서
이름 없이 빛도 없이 묵묵히 함께 인생길을 걸으며
무한한 응원과 기도와 사랑을 아낌없이 준
사랑하는 아내 신아영에게 이 책을 바칩니다.

추천사

저는 저자의 글을 좋아합니다. 글의 논리가 독특하고 그러면서도 따뜻합니다. 이 책은 세상과는 다른 삶의 가치를 가지고 살아가는 이 시대 그리스도인들에게 올바른 삶의 방향을 제시하고, 21일 동안 묵상과 기도로 인도합니다. 그리고 '홀로'가 아니라 '이웃과 함께 나누며 사는 삶'의 기쁨을 보여 줍니다. 느리지만 행복하게, 소박하지만 풍요롭게, 그리고 자유롭지만 용기있게 살아가자는 저자의 목소리가 우리에게 힘을 줍니다. 주어진 오늘을 후회 없이 살아 내기를 갈망하는 이 시대 그리스도인들에게 이 책을 기쁘게 추천합니다.

이찬수 목사 분당우리교회 담임

이 땅의 그리스도인들이 누릴 수 있는 최고의 특권은 '자유함'입니다. 어둡고 거친 세상의 한가운데 서 있지만 오늘도 자유할 수 있는 이유는 이 여정의 주인이 내가 아니라 오직 주님이심을 믿기 때문입니다. 노래하며 춤추는 혹등고래처럼 주님이 주시는 자유를 온전히 누리며 사명의 길을 기쁘게 완주할 수 있기를 소망합니다. 저자의 첫 책이 그랬듯 이번 책 역시 '느리지만 행복하게' 믿음의 길을 달려가는 저와 같은 청년들에게 큰 위로와 도전, 새로운 활력이 되어 줄 것입니다.

이재은 MBC 아나운서

저자는 뉴욕 한복판에서 자신만의 진실한 말씀과 따뜻한 성품으로 아름다운 신앙공동체를 일구었습니다. 그런 저자의 첫 번째 책에는 느린 거북이가 등장하더니, 이 책은 착한 혹등고래가 주인공입니다. 저자의 외침은 분

춤추는 고래는 행복하다

초를 다투는 경쟁 도시에서 시류를 거스르며 가장자리로 밀려나라고 하는 것 아니냐고 생각할 수도 있습니다. 하지만 뉴프론티어교회는 세상 어떤 교회보다 젊고, 스마트하며, 시대의 흐름을 주도하는 강력한 신앙 공동체입니다. 뉴욕의 한인들, 특히 청년들에겐 느리지만 신실한 거북이와 착한 혹등고래 같은 저자 목사님이 곁에 있어서 얼마나 감사한지 모릅니다. 경쟁 도시 인생을 사는 여러분에게 이 책을 기쁨으로 추천합니다.

김바나바 목사 퀸즈한인교회 담임

행복을 주제로 삼은 저자의 두 번째 책,《춤추는 고래는 행복하다》는 답답한 세상에서 청량음료 같은 메시지를 담고 있습니다. 읽으면서 저절로 미소 지어지는 책은 많지 않습니다. 일상적인 삶 속에서 끌어내는 지혜가 풍부하고, 상투적인 표현을 신선하게 반전하여 메시지를 나타냅니다. 대중들에게 화제가 되었던 드라마나 영화, 잘 알려진 격언들이 성경적인 아이디어와 어색하지 않게 조화를 이룹니다. 비성경적 가치관을 비판 없이 수용하는 시대에 따끔한 충고를 주면서도 그리스도인만이 누릴 수 있는 행복의 비밀을 훈훈한 감동의 스토리와 함께 멋지게 펼쳐 갑니다. 이 책을 읽는 모든 분이 성경을 다시 읽고 싶은 마음이 들 것을 장담하며 일독을 추천합니다.

김한요 목사 베델교회 담임

살기 편안하고 쉬운 때는 없었지만 요즘은 유난히 곳곳에서 삶의 버거움을 듣습니다. 청년들도 다르지 않습니다. 인생은 살아지는 것이 아니라 살아남아야 하는 것이라는 중압감에 숨이 가쁩니다. 이 책은 단순히 '그러니 어떻게 살아야 하는가?'에 관한 것이 아닙니다. 기대감을 낮추고 작은 일에서 행복감을 느끼면 된다는 해답을 주려하기 보다는 왜 그렇게 살아야 하고, 어떻게 그렇게 살 수 있는지 복음의 능력을 소개합니다. 이 책은 괜찮다고 청년들의 등을 두드려 주고, 따뜻하게 감싸 주지만 결국 순응이 아닌 저항을 말합니다. 거스를 수 없는 거대한 바람을 맞고 있는 청년들에게 그렇게 살지 않아도 괜찮다고 말해 줄 수 있는 용기는 오직 복음의 능력에서만 가능합니다. 맨해튼에서 청년들과 함께 복음을 살아 내려 몸부림치는 흔적들이 곳곳에 보여 책을 읽는 내내 감사하다는 마음이 들었습니다.

노진준 목사 순회설교자

저자는 목회자로 섬기지만 신학자처럼 생각합니다. 또, 문화 비평가 같은 관찰력을 가지고 소설가처럼 글을 씁니다. 저자의 두 번째 책은 목회적이며 신학적인 지혜들로 가득 차 있습니다. 저자의 문체는 흡입력이 강하고 독자들의 깊은 내면까지 파고드는 힘이 있습니다. 자기 자신이 아닌 주위를 돌아보자는 저자의 격려는 성도들 뿐만 아니라 목회자들에게도 필요합니다. 부디 많은 분이 이 책을 읽고 도전 받기를 기도합니다.

조엘 킴(Joel Kim) 총장 웨스트민스터 신학교 캘리포니아

이 책은 피조 세계에 가득한 하나님의 은혜를 통해 구원받은 백성들이 누릴 수 있는 행복을 알려 주는 묵상집입니다. 복음에 합당하게 살아가려면 삶의 모든 영역에서 세상과 다른 관점으로 선택해야 합니다. 저자는 혹등고래를 통해 주시는 하나님의 일반 계시에 초점을 두어 메시지를 풀어 갑니다. 그리스도 안에서 새로운 피조물 된 성도들이 혹등고래처럼 춤추며 행복을 누리기를 간절히 바랍니다. 특별히 이 책은 경쟁사회에 지친 청년

들에게 생수 같은 역할을 하게 될 것입니다. 류인현 목사님은 오랫동안 청년과 호흡하며, 세상에 휩쓸리고 있는 청년들을 하나님께로 돌아오게 하는 통로가 되어 왔습니다. 이 책을 통해 많은 성도가 참된 행복을 누릴 수 있기를 소망하며 추천합니다.

이재훈 목사 온누리교회 담임

속도와 트렌드, 효율과 성과, 커리어와 자아실현, 자신감과 동기부여… 젊은이들의 가슴을 뛰게 하는 열망의 단어이며, 우리 정신의 근육을 팽팽하게 만드는 긴장의 언어이기도 합니다. 그 열망이 도를 넘어 우상숭배로 치닫기도 하며, 그 긴장이 몸과 마음을 해치기도 한다는 사실이 가장 분명하게 감지되는 곳이 맨해튼일 것입니다. 저자는 그 한가운데서 고군분투하며 살아가는 젊은이들과 함께 복음을 나누는 이야기꾼입니다. 저자의 이야기는 다른 삶의 방식, 느림과 배려, 쉼과 자족, 공감과 평안을 꿈꾸게 합니다. 우리를 비인간화시키는 삶의 현장을 떠나지 않고도, 다르게 생각하고 사는 것이 가능하다는 희망을 갖게 합니다. 그 희망의 상상력이 맨해튼 한복판에서 아름다운 예배 공동체, 역동적인 선교 공동체를 만들어 가고 있습니다. 세상이 자극하는 열망의 언어보다 훨씬 더 우리 가슴을 쿵쾅거리게 할 희망의 언어를 이 책을 통해서 만날 수 있을 것입니다.

박영호 목사 포항제일교회 담임

현대 사회는 맹목성, 강박성, 피상성에 지배되어 있습니다. 각양각색의 SNS는 남들보다 무언가 나은 존재가 되어야 한다고 쉬지 않고 부추깁니다. 현대인들은 초조함에 남들보다 뒤처지지 않으려 주변을 돌아보지 않고 질주하며 자신을 잃어 가고 있습니다. 이 책은 이런 사회를 살아가는 성도들에게 길잡이가 되어 줄 것입니다. 그리스도인으로서 어떻게 살아야 한다든지 무엇이 되어야 한다든지에 대한 이야기가 아닌, 하나님의 형상으로서 각자의 소중한 가치를 서로가 인정하고 스스로를 확인하게 하는 필수적 안내서입니다. 이 책을 통해 오늘날 하나님이 우리에게 주시려는 메시지를 분명하게 확인할 수 있으리라 믿습니다.

송태근 목사 삼일교회 담임

도대체 행복은 어디에 있나요? 우리는 과연 이번 생에 행복해질 수 있나요? 누구나 행복해지고 싶지만, 그 행복이란 나에게 사치인 것 같아서 '이번 생은 망했다'며 포기하는 젊은이들이 많은 것 같습니다. 그래서 행복을 대체할 무언가를 찾아 오늘도 열심히 달리는 청년들을 보며 하나님의 마음은 어떠실지 생각해 봅니다. 저자의 날카로운 이성과 따뜻한 마음이 담긴 이 책을 읽으며, 하나님만이 주실 수 있는 꽉 찬 행복을 발견할 수 있어서 가슴 벅찬 감동을 느꼈습니다. 누구나 사랑하는 사람의 행복을 바라듯이, 우리를 너무나 사랑하시는 하나님은 우리가 반드시 행복해지길 원하십니다. 어느 시인의 말처럼 하나님이 보내신 행복이라는 택배가 우리 앞에 도착해 있습니다. 언박싱은 언제나 설레지 않습니까? 언박싱의 기쁨을 더이상 미루지 말고, 크리스마스 선물처럼 이 책을 펼쳐 보시기 바랍니다. 그리고 21일 행복 챌린지를 통해 온전한 행복을 누리는 인생이 되기를 진심으로 응원합니다.

강의현 간사 뉴프론티어교회 양육

현대 사회를 살아가는 그리스도인들은 어쩌면 '더 높이, 더 많이, 더 빠르게'를 외치는 세상의 조류에 휩쓸려 기뻐하며 살아가는 법, 즐겁게 춤추는 법을 놓쳐 버렸는지도 모르겠습니다. 그런 우리에게 이 책은 '행복은 효율과 성과가 아닌 사랑과 사명을 통해야만 얻는 것'임을 가르쳐 줍니다. 저자의 전작이 광야와 같이 고됐던 맨해튼에서의 유학생활을 견딜 수 있게 한 버팀목이었다면, 이번 신간 《춤추는 고래는 행복하다》는 사회인으로 세상 속에 던져진 나에게 붙잡고 살아가야 할 가장 중요한 가치가 무엇인지를 일깨워 주는 삶의 나침반으로 다가왔습니다. 믿음의 선배의 진실되고 따끔한 충고를 통해, 매일 마감에 쫓겨 바쁘다고 외치던 삶에서 '가장 긴급하고 중요한 일'인 하나님과의 교제시간을 회복하게 되었습니다. 분주한 일상에 시달리며 오늘을 살아가는 분들에게 이 책을 추천합니다. 21일간 묵상 시간을 통해 참 자유를 얻고, 즐겁게 노래하며 춤추는 고래가 되기를 바랍니다. 그리고 그 기쁨을 이웃과 나누며, 날마다 더 예수님을 닮아 가는 삶을 살게 되기를 소망합니다.

차지혜 교수 조지워싱턴대학교 교육대학원

늘 맑고 순수한 마음으로 하나님과 청년들을 진실하게 사랑하는 저자 목사님을 보며 많은 것을 배웠습니다. 따뜻한 목사님을 통해 수없이 예수님의 사랑과 마음을 경험할 수 있었습니다. 오랜 시간을 기대하며 기다려 온 목사님의 두 번째 책을 읽으며, 세상에서 열심히 살아가는듯 보이지만 내면은 반듯하게 정리되지 못한 채 허둥지둥 살아가고 있던 제 모습을 깊이 들여다보게 되었습니다. 한 문장 한 문장 속에 녹아 있는 사랑과 인생의 지혜, 그리고 논리적으로 탄탄한 통찰력, 포기할 수 없는 재치는 독자를 행복하게 만들기에 충분합니다. 이 책과 함께하는 21일 간의 묵상과 기도의 여정에 많은 분을 초대하고 싶습니다. 이 책을 통해 치열한 세상 속에서 소리 없이 무너지더라도 주님의 한결같은 사랑의 힘으로 다시 일어서게 되는 소망을 붙잡게 되기를 기도합니다. 혹등고래처럼 주님과 함께 순수한 기쁨으로 행복하게 춤을 추고 싶은 모두에게 이 책을 강력하게 추천합니다.

노현영 Arts Management, 뉴욕대학교

20대 후반, 그동안 믿어 왔던 삶의 가치관이 뿌리부터 흔들린 시기에 저자 목사님의 설교는 큰 위로와 힘이 되었습니다. 단순히 '다 잘될 거야' 식의 위로나 기복 메시지가 아니라 하나님과의 올바른 관계 속에서 주어지는 마음 상태와 자세들을 알려 줌으로 삶의 방향성을 바로잡을 수 있었습니다. 이 책은 그때의 기억을 다시금 떠오르게 합니다. 책을 읽다 보면 알고는 있었지만 실천하기 힘든 마음의 원인들, 하나님과의 관계에 대해 오해하고 있었던 부분들, 가장 중요한 중심이 무엇인지 스스로 묻게 됩니다. 자연스레 온전한 회복을 기도하게 되고 그 과정에서 주님과 올바른 관계를 맺는 데 방해되었던 요소가 무엇인지 알게 도와줍니다. 제가 경험했던 행복의 시작이 이 책을 읽은 모든 분에게 있길 기도합니다.

신문섭 일러스트레이터

Contents

Part 3. | 자유롭게, 그리고 용기 있게

: 은혜의 복음이 나를 넘어서게 한다

느리지만 행복한 혹등고래처럼 살고 싶다

《거북이는 느려도 행복하다》라는 책을 10년 전에 출판하면서부터 내 40대는 거북이를 닮아 갔던 것 같다. 바쁘게만 살지 않고 여러 경험을 하면서 삶의 여유를 즐기고 누리며 행복한 40대를 보낸 것이 참 감사하다. 50대에 접어들면서부터는 느리지만 노래하며 누군가를 위해 자신을 내어 줄 줄 아는 혹등고래처럼 살고 싶다는 생각이 든다.

고래의 매력에 빠지게 된 데에는 드라마 "이상한 변호사 우영우"와 신문섭 작가의 역할이 크다. "이상한 변호사 우영우"는 다름을 매력으로 여기지 못하는 획일적인 사회, 통념의 테두리 안에 갇힌 사회에 대해 새로운 일깨움을 준 참 좋은 드라마였다. 자폐라는 장애를 안고 있는 변호사 우영우에게 창의적인 아이디어가 떠오를 때면 고래가 춤추고 헤엄치기도 하고 하늘을 날기도 한다.

사실 이 드라마가 유행하기 전, 이 책의 삽화 작업을 도와준 신문섭 작가가 큰 고래 그림을 내게 선물해 주었다. 신 작가는 우리 교회에서 그의 20-30대를 보낸 청년이다. 그리스도인 예술가로서 꿈을 가지고 내 설교를 자신만의 일러스트로 표현하곤 했었다. 그런 그가 10여 년의 뉴욕 생활을 뒤로하고 홀로 되신 아버지와 시간을 보내기 위해 몇 해 전 한국으로 돌아갔다. 뉴욕을 떠나면서 평소 자신이 좋아하는 것이라며, 혹등고래를 크게 그린 작품을 내게 선물해 주었다. 코로나 팬데믹 기간 동안에는 거의 온라인 미팅을 할 수밖에 없었는데 그때마다 그 그림이 내 뒤 배경 화면으로 잡혔고, 사람들이 무슨 그림이냐며 묻곤 했다.

혹등고래는 다른 고래들보다는 느리다. 하지만 춤을 즐기고 노래를 많이 부른다. 이들이 춤추고 노래를 부르는 이유에 대해서는 학자들도 아직 정확한 답을 못 찾았다고 한다. 혹등고래와 직접 인터뷰하지 않는 한 그 정확한 이유를 알아내기란 쉽지 않을 것이다.

혹등고래는 그 거대한 몸집만으로도 경이로움과 두려움을 느끼게 하지만 사실 '바다의 수호천사'로 불릴 만큼 성격이 온

순하다. 한번은 미국립해양어업국의 로버트 피트먼이라는 박사가 혹등고래가 물개를 구해 주는 모습을 포착했다고 한다. 인근의 범고래가 바다표범을 잡아먹으려고 기다리고 있는데, 바다표범이 이를 눈치채고 혹등고래의 지느러미 쪽으로 달려가 몸을 숨겼고, 혹등고래도 자신의 지느러미 위로 바다표범이 올라올 수 있도록 도왔다는 것이다.

혹등고래의 친절은 해양생물에게만 향하지 않는다. 한번은 혹등고래가 남태평양 쿡제도 앞바다에서 스노쿨링을 하던 한 여성을 자신의 지느러미에 태우려고 집요하게 따라다녔는데, 알고 보니 멀리 상어 한 마리가 여성을 공격하기 위해 다가오고 있었다고 한다. 혹등고래 덕분에 여성은 상어로부터 목숨을 구할 수 있었다.

혹등고래는 깊은 바다에서 다이버를 만나면 몸을 뒤집고 지느러미를 흔들어 더 이상 내려가면 위험하다는 신호를 보내는 것으로도 알려져 있다. 혹등고래가 왜 해양 생물과 사람을 구해 주는지를 두고 고래 행동 연구 전문가들이 연구에 나섰지만 지금까지도 정확한 이유를 밝혀 내지는 못했다고 한다. 일부 전문가들은 혹등고래가 물고기를 지켜 주는 행동이 아무것도 바라지 않는 선행이라고 말한다.

혹등고래는 그 거대한 몸집으로 먹고 싸면서 바다의 유기

물을 순환시켜 해양 플랑크톤의 광합성을 돕기도 하고, 또 혹등고래 한 마리가 나무 1천 그루만큼이나 탄소를 흡수한다고 한다. 그뿐인가. 죽고 나면 사체가 바다 밑바닥까지 가라앉아 심해 생물들에게 먹이를 제공한다. 죽어서까지 심해 생물의 다양성을 유지하는 원천이 되는 것이다.

모든 이산화탄소를 끌어안고 심해로 내려가 죽는 혹등고래에게서 십자가의 낮은 곳으로 내려가서 죽음을 맞으신 예수님의 모습을 본다. 이산화탄소처럼 죄를 끊임없이 배출해 내는 이 세상을 구원하시기 위해 스스로 십자가를 지고 죽으신 예수님의 모습을. 커다란 덩치와 가진 힘으로 작은 물고기들을 지배하며 군림할 수 있겠지만, 혹등고래는 그렇게 살지 않는다. 자신의 힘으로 위기에 처한 이웃을 살리고 구원한다.

예수님 역시 무한한 능력을 가지고 사람들 위에 군림하는 방식으로 이 세상에 오시지 않았다. 하나님이 주시는 힘으로 오병이어 기적을 일으키고 병을 치유하면서 사람들을 살리는 일을 하셨다. 사람들이 자신을 왕으로 옹립하려고 하는 것을 부인하며 도망치셨다. 하나님 왕국은 힘으로 세워지는 나라가 아니기 때문이다. 하나님 왕국은 동물의 왕국과 다르다. 약육강식의 왕국이 아닌 상생평화의 왕국이다.

하나님이 주시는 행복은 '소확행(소소하지만 확실한 행복)'을 넘어서는 행복이다. 그것은 개인의 행복감을 넘어서는 것이다. 그리고 그 행복은 공동체가 혹등고래처럼 함께 춤추고 노래하는 행복, 곧 샬롬이다. 기독교 철학가 월터 스토프(Wolterstorff)는 그의 책 《정의와 평화가 입맞출 때까지》(Until Justice and Peace Embrace)에서 이 샬롬을 "인간이 하나님, 자기 자신, 이웃, 그리고 자연과의 관계에 있어서 정의롭고 아름다운 조화를 이룸으로 즐거움을 누리는 상태"로 정의한다.

우리가 살아가는 세상이 점점 더 약육강식, 승자독식의 동물의 왕국처럼 변해 가는 건 아닌지 우려가 된다. 코로나 팬데믹으로 인해 점점 더 심해지고 있는 빈부의 양극화, 이데올로기의 양극화의 현실을 우리는 마주하고 있다.

나는 혹등고래에게서 이 세상의 희망을 발견한다. 아버지 혹등고래가 새끼 고래와 함께 춤추고 노래하는 것처럼 예수님과 함께 춤추고 노래하는 삶을 살고 싶다. 조금은 느리더라도 함께 춤추며 노래하는 혹등고래의 무리처럼, 행복을 누리고 나누는 샬롬의 세상을 꿈꾼다.

혹등고래처럼 주어진 힘을 누군가를 살리는 데 쓰며 살아가는 것이 이 시대의 작은 빛이요 희망이라 생각한다. 정의와 평화가 입 맞추는 하나님 왕국을 희망하는 사람들의 예수 닮은 삶이 이 시대의 희망이다. 이 희망을 품고 물살을 힘차게 가르며 헤엄치는 이 시대의 혹등고래들과 21일간의 묵상과 기도의 여정을 함께 떠나려고 한다.

 혹등고래의 춤과 노래

Part 1. 느리게, 그리고 행복하게

: 은혜의 복음이 나를 행복하게 한다

Day 1

잃어버린 자유를 회복하기

그리고 예수께서 모든 사람에게 말씀하셨다. "나를 따라오려는 사람은, 자기를 부인하고, 날마다 자기 십자가를 지고, 나를 따라오너라. (눅 9:23)

예수님은 제자들에게 나를 따르려면 자기를 부인하고 날마다 자기 십자가를 지고 따라야 한다고 말씀하셨다. 이 말씀은 흔히 제자도라고 불리는 대표적인 구절로, 공관복음서(Synoptic Gospel)라 하는 마태, 마가, 누가복음에 동일하게 기록되어 있다.

이 말씀은 예수님이 열두 제자에게 "사람들이 나를 누구라고 하더냐?"라고 던지는 질문에서 출발한다. 특히, 마태복음을 보면 이 질문 후에 예수님이 고난을 받고 죽임을 당한 뒤에 사흘 만에 살아날 것이라 밝히셨다고 기록한다. 이때 베드로가 예수님을 붙들고 "주님, 안 됩니다. 절대로 이런 일이 주님께 일어나서는 안 됩니다"(마 16:22) 하면서 대드는 장면이 나온다. 베드로는 열심히 주님을 따르는 열혈 팬이자 팔로워였지만 아직도 예수님에 대해 잘 모르고 있었다.

베드로뿐만이 아니다. 현재를 사는 많은 그리스도인이 예수님의 이 말씀을 오해하고 있는 듯하다. 자기를 부인하고 자기 십자가를 지라고 하니, 얼마나 부담스러운 말씀인가. 그러나 정말 여기에서 부담을 느낀다면 그것은 이 말씀의 참뜻을 이해하지 못해서 그렇다. 이 말씀보다 우리를 참으로 해방시켜 주는 말씀이 없다.

이 말씀은 지리한 나날들의 반복 속에서 행복을 누리지 못하며 살던, 그래서 '아 좋다. 이게 인생이지'라고 진심으로 말해 보지 못한 어부들과 세리들에게 예수님이 하신 말씀이다. 이 말씀은 우리를 부담스럽고 지치게 만드는 강압적인 메시지가 아니다. 행복을 찾아 헤매지만 참 행복을 발견하지 못하는 우리에게 주시는 해방의 메시지, 출애굽의 메시지다. 노예 같은 삶에서 자유인의 삶으로의 초대인 셈이다. 나의 해방일지를 쓰게 하시는 예수님의 초대장이다.

하지만, 예수님을 단지 팬으로서 좋아한다거나 가끔 예수님의 말씀에 '좋아요'를 누르는 정도로는 삶의 참 자유와 해방을 누릴 수 없다. 예수님과 얕팍한 관계로는 자유와 해방을 누리지 못한다. 따른다는 건 밀착된 관계를 뜻한다. 멀찍이 떨어져 있는 게 아니라 바짝 붙어서 좇는다는 의미이다. 우리를 참자유와 행복으로 초대하시는 예수님의 이 말씀 속에서 두 가지를 생각해 보자. 자기 부인이라는 게 무엇인지, 자기 십자가를 진다는 게 무엇인지를 말이다.

나를 언팔하라

우리에게 참 자유와 행복을 주시려는 예수님을 팔로우하기 위해 해야 하는 것은 바로 자기 부인, 곧 자기 자신을 '언팔(unfollow)'하는 것이다. 오늘날 유행하는 메시지들을 한번 들어보라.

Love yourself. 너를 사랑해라.
Listen to your heart. 네 내면의 소리에 귀를 기울여라.
Follow your heart. 네 가슴이 따르는 삶을 살아라.

결국 자기가 주인 된 삶을 살라는 것이다. 이런 메시지들은 다 자기가 주인 된 삶이 참 행복을 준다고 가르치고 있다. 어떻게 생각하는가? 정말 그럴까?

춤추는 고래는 행복하다

내가 주인이 되어 사는 삶에는 아이러니가 있다. 그와 같은 삶은 자유롭고 행복할 것 같지만 사실은 완전히 자유롭지 못하다. 그렇게 행복이 왔다고 해도 일시적이고 순간적이고 불완전할 뿐이다. 왜일까? 삶의 모든 것을 오롯이 자기 스스로, 다 독박으로 책임져야 하기 때문이다. 듣기만 해도 버겁지 않은가? 내가 내 삶을 모조리 다 책임져야 한다니….

"네가 네 인생을 다 책임져야 해. 아무도 네 인생을 책임져주지 않아. 세상은 정글이야. 여기서 정신 똑바로 차리고 살아남아야 해. 안 그러면 너는 성공 못해. 남들한테 무시당하면서 살게 된다."

이 메시지가 당신에게 좋은 소식처럼, 복음처럼 들리는가? 우리에게 힘과 용기를 주는 말이기보다는 오히려 부담감과 불안함만 가중시킨다.

내 인생을 내가 다 운전하고 경영하고 책임져야 한다는 건 자유로운 삶처럼 보이지만 사실은 자유가 아니라 너무나 가혹한 형벌이다. 혼자서 모든 걸 다 감당하다가 큰 고난이나 불행한 일을 만나면 어떻게 할 참인가? 정신 승리를 외치거나, 술이나 약물에 의존하거나, 다른 사람에게 기대하는 수밖에 없지 않겠는가?

누가복음 15장에 나오는 탕자의 비유를 보라. 집 나간 탕자, 둘째 아들이 바로 자유의 역풍을 맞은 대표적인 인물이다. 자유와 행복을 찾아 집을 떠났지만 그 결말은 돼지나 먹는 쥐엄 열매를 먹는 신세가 되는 거였다. 자기가 주인 된 삶의 아이러니를 보게 된다.

자유로운 종은 행복하다

《도파미네이션》이라는 책이 있다. 스탠퍼드대학교 의과대학 교수이고 대학 내 중독센터장인 애나 램키(Anna Lembke)가 쓴 책이다. 책에서는 사람이 자기를 만족시키기 위해 도파민에 중독되면 그에 상응하는 고통도 함께 느끼게 된다고 말한다. 사람이 쾌락을 느끼는 뇌의 부위와 고통을 느끼는 부위가 같기 때문에, 인간은 계속해서 쾌락만 느낄 수 없고, 한계점에 이르면 시소처럼 고통이 그만큼 더 커진다고 한다. 그래서 이 둘의 적절한 균형이 우리의 정신 건강에 중요한데, 일상에서 우리가 누리는 것들에 대해서 감사하고 만족할 줄 알아야 한다고 이 책은 결론을 맺는다. 나를 만족시키기 위해 했던 지나친 행동 때문에 오히려 고통을 더 느끼게 되는 아이러니를 보는 것이다.

내가 주인이 되어 살아가는 삶과 반대로, 그리스도께서 주인이 되신 삶에는 역설(paradox)이 있다. 그리스도가 주인이 되신다는 것은 내가 그리스도를 섬기고 따라야 한다는 것 이전에 그리스도가 나를 '책임지신다'는 의미가 훨씬 더 강하다. 그리스도가 내 삶의 주인이 되신다는 것은 내가 그리스도를 종처럼 섬겨야만 한다는 의무가 아니다. 아침에 일어나 커피를 마실지 차를 마실지, 어느 직장에 취직하고 누구와 결혼할지를 다 주님이 결정하시고 나를 통제하고 간섭하신다는 의미가 전혀 아니다. 그것은 그리스도가 나를 책임지고 돌보고 끝까지 이끌어 주신다는 것이다. 주님이 내 삶을 주관하는 리더가 되어 주시겠다는 약속이요 헌신이다.

그리스도가 내 삶에 주인되어 주신다는 것은 한마디로 복음이다. 우리를 만드시고 머리털 수까지 알고 계신 분이 우리를 책임져 주시겠다는 것이 복음이다. 복음은 그리스도가 나를 섬기러 십자가를 지셨다는 좋은 소식이다. 복음은 한마디로 은혜다. 복음은 내가 하나님을 먼저 사랑한 것이 아니라 하나님이 나를 먼저 이처럼 사랑하사 독생자를 주셨다는 너무나 좋은 소식이다. 나를 사랑하시는 분이 나를 따르라고 청하신 초대가 복음이다. 마치 신부를 향해 서약하는 신랑처럼 말이다. 아내를 위해 자기 목숨을 바칠 수 있는 것이 사랑 아닌가?

그리스도가 주인 되어 주시는 삶은 구속받는 삶이 아니라

춤추고 노래하는 자유로운 삶이다. 율법을 지키는 삶이 아니라 자유를 누리는 삶이다. 우리의 실패는 말할 것도 없고 모든 죄까지도 다 책임져 주시는 든든한, 영원한, 완벽한 보호자의 울타리 안에서 살아가기 때문에, 그리스도인은 불확실성이 많고 변화무쌍한 이 세상 속에서도 안정감을 누릴 수 있다. 이 세상이 줄 수 없는 평안 속에서 따라야만 하는 예수가 아니라 따르고 싶은 예수를 우리의 주인으로 모시게 된다. 따라서 예수님을 따른다는 것은 의무가 아니라 기쁨인 것이다.

그리스도가 주인 되어 주시는 삶은 더 이상 틀린 그림 찾기의 인생이 아니다. 새로운 그림을 그려 나가는 자유로운 삶이 된다. 혹등고래처럼 넓은 세상 속에서 춤추고 노래하며 행복하게 살아가는 삶이 된다. 우리가 그리스도를 통해 구원받았다는 것은 바로 에덴동산에서 잃어버렸던 참된 자유, 춤과 노래를 되찾았다는 뜻이다.

오늘의
기도

주님이 내 삶을 책임지시는 주인 되심을 의지하며
오늘 하루도 나의 해방일지를 쓰면서
자유롭게 살아가기를 원합니다.
세상의 영향을 받는 삶이 아니라
주님의 사랑의 다스리심을 받는
하루가 되기를 소망합니다.

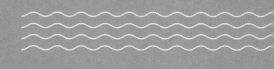

자기라는 감옥에서 해방되기

그리고 예수께서 모든 사람에게 말씀하셨다. "나를 따라오려는 사람은, 자기를 부인하고, 날마다 자기 십자가를 지고, 나를 따라오너라. (눅 9:23)

　많은 그리스도인이 자기 십자가를 지라는 성경 말씀을 크게 오해하고 있다. 속 썩이는 남편, 골치 아픈 자녀를 '이 인간, 내가 져야 할 십자가다'라고 생각하는 것이다. 과연 이 골치 아픈(?) 인간들이 우리가 져야 할 십자가일까? 아니다. 속 썩이는 남편, 말 안 듣는 자녀는 십자가가 아니라 하나님의 선물이다.

　그렇다면 날마다 내가 져야 할 십자가는 무엇일까? 그것은 예수님이 지셨던 십자가와 다르지 않다. 드라마 "더 글로리"를 보면서, 특히 이 드라마를 쓴 김은숙 작가의 인터뷰 영상을 보면서 십자가의 영광에 대해서 다시금 생각해 보게 되었다. 김 작가는 이렇게 말한다.

"제목을 고민하던 중 학폭 피해자들의 글을 많이 읽었어요. 그분들은 하나같이 현실적 보상보다 가해자의 진심 어린 사과를 원했어요. 세속에 찌든 저로서는 진심 어린 사과로 얻어지는 게 뭘까 하는 생각을 했어요. 그러다가 '아, 얻는 게 아니라 되찾고자 하는 거구나'라는 생각이 들었어요. 폭력의 순간에는 눈에 보이지 않는 걸 잃게 되잖아요. 인간의 존엄이나 명예나 영광 같은 것들…. 그래서 그 사과를 받아 내야 비로소 원점이고, 거기서부터 시작이구나 라는 생각이 들어서 제목을 더 글로리로 지었습니다."

예수님은 사실 인간들의 폭력의 피해자이시다. 르네 지라르(Rene Girard)의 말처럼, 예수님의 십자가는 우리 인간들의 폭력에 희생된 사건이다. 십자가 사건은 예수님이 자신의 영광을 버리고 폭력의 희생자가 되셔서 인간의 명예와 영광을 되찾아 준 사건이다. 신이 수치의 자리로 떨어지고 죄인이 명예와 영광의 자리로 들어 올려지는 아이러니가 벌어진 곳이 십자가다. 그래서 이 십자가 사랑은 세상이 도저히 이해할 수 없는 사랑인 것이다.

그 사랑이 나를 숨 쉬게 하고, 춤추게 하고, 노래하게 하고, 내가 갈 수 없는 곳으로 인도한다. 그리스도인이 되었다는 것은 이 십자가 사랑에 감격해서 주님을 따를 수밖에 없게 되었

다는 것이다. 사랑하면 노래가 흘러나오는 법이고 춤을 추게
되는 법이다. 그리스도인은 춤추고 새 노래로 노래하는 사람
들, 곧 예배자들이다. 십자가 사랑이 우리를 스스로의 감옥으
로부터 해방시킨다.

사명보다 사랑이 먼저다

　예수님의 십자가 복음의 비밀을 알게 된 사람은 예수님의
팔로워로서 그 십자가를 날마다 질 것을 요청받는다.
　그렇다면 우리가 날마다 져야 하는 십자가는 무엇인가? 그
것은 '사랑'의 십자가요 '사명'의 십자가다. 그런데 우리가 잊지
말아야 할 것은 언제나 사명보다 사랑이 먼저라는 사실이다.
사명이 사랑보다 앞서면 사람을 죽인다. 십자가를 지는 삶이
아니라 십자군이 되고 만다.
　부활하신 예수님은 베드로에게 "네가 나를 사랑하느냐?"
라고 먼저 물으셨다. 그 사랑을 확인한 뒤 사명을 주셨다. 우리
는 주님을 위해 무언가를 해 드리는 일군이 아니라 사랑받는
자녀로 부름을 받았다. 우리는 사랑하는 주님의 가족으로 입
양되었다. 그래서 우리는 나처럼 주님의 부름을 받은 다른 팔
로워들과 교회 공동체를 이룬다.

　　　　　　　　　　　　　　　　　　　춤추는 고래는 행복하다

교회 공동체는 하나님 나라에서 가족이다. 그래서 교회 공동체 안에서 서로 사랑하는 것이 먼저다. 그러니 이제 더는 출석 교회와 썸 타지 말자. 십자가 하나만으로도 우리가 교회에 깊이 헌신하고 사랑을 실천해야 할 이유가 충분하다.

그리스도인은 하나님 왕국의 진정한 인플루언서들이다. 예수님은 "너희가 서로 사랑하면, 모든 사람이 그것으로써 너희가 내 제자인 줄을 알게 될 것이다"(요 13:35)라고 말씀하셨다. 세상 사람들은 그리스도인들이 행복하게 신앙생활하는 모습을 보고 영향을 받는다. 사랑을 보고 배우는 것이다.

예수님은 제자들의 발을 씻기심으로 용서와 섬김의 사랑이 뭔지 보여 주셨고, 십자가에서 자신을 내어 주심으로 희생의 사랑을 실천하셨다. 사랑의 모범을 보여 주신 예수님은 "너희가 서로 사랑하라"라고 새 계명도 주셨다. 따라서 예수님을 따르는 팔로워들은 예수님의 이 사랑의 삶을 본보기로 따르는 사람이 되어야 한다.

우리 사명은 십자가 사랑에 물드는 것이다

젊은 시절, 필라델피아에 있는 한 작은 교회에서 청소년부의 교육전도사로 사역했을 때의 일이다. 어눌한 영어로 이민

2세 중고등부를 섬기고 있었다. 작은 교회였기에 찬양과 설교 등 예배의 모든 순서를 오롯이 나 혼자 감당하고 있었다. 사춘기를 보내고 있던 중고등부 아이들은 예배 시간 내내 휴대전화를 보면서 게임을 하거나 문자를 주고받고 있었다. 예배 시간 내내 식은땀이 흘렀다. 마치 벽에다 대고 찬양하고 설교하는 기분이었다.

아이들과 친해져 보려고 이런저런 노력을 많이 했지만 아무런 소용이 없었다. 한 달에 한 번은 중고등부가 교회 청소를 담당해야 했는데, 그때마다 나 혼자 청소했고 아이들은 교회를 돌아다니며 놀기 바빴다. 매주 금요 성경공부 후에는 아이들을 일일이 집까지 태워다 주었지만, 고맙다는 말은커녕 작별 인사조차 없었다.

이렇게 6개월이 흘렀다. 나는 중고등부 아이들이 점점 더 미워졌고 속으로는 화가 몹시 나 있었다. 자존심도 엄청 상해 있었다. 그러던 어느 날 아이들과 여름 수련회를 캠핑장으로 떠나게 되었다. 산길을 거닐면서 이 아이들이 내게 말을 걸어오고 어떤 아이는 내 팔짱을 끼기도 했다. 아이들이 왜 그러나 싶어 깜짝 놀랐다. 알고 보니 아이들은 나를 싫어하는 게 아니었다. 내게 마음을 여는 데까지 시간이 걸렸던 것뿐이었다.

이 수련회에서 나는 주님 앞에서 펑펑 울었다. 사역자로서 가장 중요한 것이 양들을 사랑하는 것인데 나는 맡겨 주신 양들을 미워하고 있었던 것이다. 주님은 내게 사역이 아니라 사랑을 맡기신 것이라는 사실을 이때 깨달았다.

사명과 사랑은 동떨어진 것이 아니다. 교회 안에서의 사랑이 세상 속으로 흘러가는 것이 곧 사명이다. 선교지로 가야만 사명자로 사는 것이 아니다. 매일 출근하는 직장이, 매일 등교하는 학교가 내 사명의 자리다. 그리고, 이 사명은 비장한 결단으로 성취되는 것이 아니다. 십자가에서 확증된 그 사랑에 우리가 날마다 더 붉게 물들어야만 가능하다.

사랑과 마찬가지로 사명 역시 우리를 '자기'라는 감옥에서 해방시켜 준다. 자기 왕국에서 하나님 왕국으로 이사하는 삶은 '2사'로 가능하다. 바로 사랑과 사명이다. 사랑과 사명은 우리 삶을 참으로 자유롭고 행복하게 하는 가장 가치 있는 삶의 모습이다.

뭐든지 가장 소중한 것은 대가를 지불해야 하는 법이다. 가장 영광스러운 순간을 맞이하려면 그 영광에 걸맞은 고난과 희생이 따른다. 내가 걸어가는 길이 좁은 길이라 때론 너무 힘들고 어렵기도 하지만, 이 길은 그 어떤 길보다도 영광스럽고 아름답다. 그래서 신앙의 선배들은 이렇게 노래할 수 있었다.

좁은 길을 걸으며 밤낮 기뻐하는 것

주의 영이 함께 함이라.

그렇다. 내 인생길은 나 홀로 걷는 길이 아니다. 주님이 함
께 걸어 주신다. 그리고 이 길 끝에서 나는 어느덧 내가 좋아하
고 따르던 예수님의 얼굴을 닮아 영화롭고 아름답게 빛나고
있을 것이다.

"더 글로리" 제목에 담긴 먹먹한 의미

춤추는 고래는 행복하다

오늘의
기도

오늘 하루도 사랑하기 원합니다.
주님을 더욱 사랑하기 원합니다.
이웃을 더욱 사랑하기 원합니다.
사랑으로 사명의 십자가를 지고
주님을 따르는 오늘 하루가 되기를 소망합니다.

효율만 따지는 세상에서 사랑하기

그러나 그 마을 사람들은 예수가 예루살렘으로 가시는 도중이므로, 예수를 맞아들
이지 않았다. 그래서 제자인 야고보와 요한이 이것을 보고 말하였다. "주님, 하늘에
서 불이 내려와 그들을 태워 버리라고 우리가 명령하면 어떻겠습니까?" (눅 9:53-54)

현대인들과 고대인들의 가장 결정적인 차이 중 하나가 속
도다. 고대엔 모든 게 느렸다. 하지만, 현대에는 기술 발전과
함께 모든 게 빨라졌다. 말 대신 자동차를, 편지 대신 문자를
이용하며 효율이 높아졌다. 효율엔 속도가 왕이다. 고효율 저
비용이라는 경제 원칙을 이루기 위해서는 빠른 속도가 늘 요
구된다.

산업만 그런 게 아니라 우리 삶도 어느덧 이런 문화에 깊이
젖어들었다. 사람과의 사귐도 효율을 따진다. 연애도 결혼도
효율을 따지며 계산한다. 좋아서, 사랑해서 결혼하던 순진한
시절과는 다른 결혼 풍속도가 펼쳐지기도 한다. 결혼이라는

정상에 빨리 도달하려다 보니 효율을 자꾸만 따지게 되었다.

하지만, 복음은 우리에게 효율을 요구하지 않는다. 복음은 우리에게 사랑을 요구한다. 사랑은 오래 참음이며 기다림이다. 사랑은 빨리빨리 성과가 나타나는 것이 아니다. 사랑은 느리고 더디게 자란다. 부부 간의 사랑이 그렇지 않은가? 뜨겁게 연애하고 결혼한 부부가 왜 그렇게 다투고 싸우며 괴로워하는가? 사랑을 우습게 봐서 그렇다.

사랑은 세상에서 가장 어려운 일이다. 가장 소중한 것은 원래 가장 어렵다. 사랑은 가장 소중한 것이기 때문에 가장 어렵다. 사랑은 평생을 배우고 훈련해도 우리가 섭렵할 수 없는 높은 이상이다. 하지만 평생을 추구해도 아깝지 않을 이상이다.

사랑은 비효율의 극치다

사랑은 감정만으로는 결코 유지될 수 없다. 사랑은 의지적인 행동이 따르지 않으면 결코 자라지 않는다. 사랑은 감정이 아니라 행동을 먹고 자란다. 따뜻한 말, 사과하는 말, 소리 없는 섬김과 헌신을 통해 사랑은 자란다. 사랑의 사도로 우리에게 알려진 사도 요한은 우리에게 사랑에 대해서 이렇게 말씀한다.

자녀 된 이 여러분, 우리는 말이나 혀로 사랑하지 말고, 행동
과 진실함으로 사랑합시다. 요일 3:18

말과 혀로 사랑하면 훨씬 더 빠르고 효율적이다. 행동과 진
실함으로 사랑하는 데는 시간이 걸린다. 누군가의 진실함을
알려면 시간은 필수다. 결혼 생활은 결혼식에서 했던 사랑의
서약이 진실했음을 증명하는 시간들이다. 증명은 행동으로 해
야 한다. 사랑은 효율적으로 할 수 없다. 사랑이야말로 비효율
의 극치다.

사랑의 극치인 예수님이 이 땅에 구원자로 오신 것부터가
비효율적인 행동이다. 메시아라면서 작은 시골에서 태어나
30년 동안 평범한 목수로 지낸 것은 또 얼마나 비효율적인 행
동인가? 정작 제대로 된 사회 활동을 한 건 고작 3년뿐이다. 그
리고 그분이 선택한 열두 명의 제자도 하나같이 가방끈이 짧
고 스펙이 낮은, 주목받지 못하던 사람들이다. 예수님의 제자
캐스팅은 너무나 비효율적으로 보인다. 또, 예수님이 제자들
과 동네를 돌아다니면서 주로 만난 사람들도 세리나 창녀나
병자 같은 사회적 왕따들이다.

상식적으로 생각해 볼 때 이스라엘을 로마의 압제로부터
구원할 메시아가 되려면 이런 행보를 걸으면 안 된다. 어떻게

해서든 유력한 사람들을 친구로 삼고, 후원자들을 모아 정계로 진출해야 효율적이다. 그런데 예수님은 아무런 도움이 안되는 사람들만 골라서 만나고 다니셨다. 예수님을 따르는 무리는 힘없는 사람들이다. 예수의 친구들은 보통 우리가 친구삼고 싶어 하는 그런 사람들이 아니었다. 예수님의 모든 선택은 비효율적이다.

행복은 효율이 아니라 사랑에서 온다

반면에 예수의 제자들은 효율을 원하는 사람들이었다. 빨리 이스라엘을 구원해 줄 메시아의 정치적 행보를 원했다. 예수를 받아들이지 않는 마을은 곧바로 하늘에서 불을 내려 심판하기를 원했다. 하지만, 예수님은 심판도 한참 유보하신다. 대신 자신이 심판받아 모두를 살리고자 하셨다. 효율적인 구원의 방법을 두고서도 가장 비효율적인 십자가의 방법을 선택하셨다. 효율만 따지며 살려는 세상에서 예수님의 비효율적인 삶은 우리 시대에 큰 도전을 준다.

복음서에 나오는 베다니 마리아 사건에서도 비효율적인 행동을 보여 준다. 마리아는 자신의 값비싼 향유옥합을 깨트려 예수님 발에 붓는 돌발 행동을 했다. 당시 마리아의 향유옥

합은 직장인들의 대략 1년치 연봉과도 같은 가치였고 이것은 일종의 혼수 용품이었다. 마리아는 예수님을 자신의 신랑으로 삼은 듯하다. 자신의 사랑 고백을 이 향유옥합을 깨트려 그 발에 입 맞추고 씻기는 것으로 대신했다.

곁에 있던 가룟 유다는 쓸데없이 돈 낭비를 했다고 마리아를 책망했다. 차라리 가난한 사람들에게 나누어 주었으면 더 좋았을 뻔했다고 말했다. 예수님을 향한 마리아와 유다의 마음이 이렇게 극명하게 차이가 난다. 사랑에는 가격표가 없다는 사실을 유다는 모르고 있다.

사랑은 무엇을 주어도 아깝지 않은 것이다. 사랑은 적당히 주는 게 아니라 최고를 주는 것이다. 사랑은 헌신이다. 마리아는 주님께 자신을 드린 것이다. 효율을 생각하던 유다에게 마리아의 행동은 향유옥합을 낭비한 것일 뿐이다. 하지만 사랑에 눈 먼 마리아에게 효율 따윈 안중에도 없다. 예수님의 십자가 사건을 미리 기념하며 사랑하는 주님을 떠나보낼 준비를 하고 있었다.

비효율로 살아가는 사람은 행복하다. 삶을 누릴 줄 알기 때문이다.

오늘의
기도

주님, 효율과 속도를 따지는 세상에서
비효율과 여유를 회복하기 원합니다.
오늘 하루도 한 사람 한 사람을 소중히 여기는
예수님의 마음으로 살아가게 하소서.

낯선 인생길에서 '주'신감으로 살기

나에게 능력을 주시는 분 안에서, 나는 모든 것을 할 수 있습니다. (빌 4:13)

　　운전하다 보면 '공사중, 우회'라는 표지판을 종종 만난다. 그 순간에는 조금 짜증도 난다. 빠른 길을 두고 다른 길로 돌아가라니, 손해 본 것 같은 기분도 든다. 하지만 표지판이 가리키는 길로 우회하다 보면 평소에는 잘 모르던 새로운 길을 알게 된다. 그 지역을 바라보는 시야가 넓어진다.

　　우리 삶도 따지고 보면 수많은 우회의 연속이지 않은가! 인생은 지름길로만, 우리가 설정한 내비게이션대로만 길이 나 있지 않다. 살다 보면 도로 곳곳에 세워진 '공사중, 우회'라고 적힌 표지판을 만나기 마련이다. 그럴 때 항상 빠른 길만 고집한다면 새로운 길은 못 본 채로 살아가게 될 것이다. 그러나 마음을 편히 갖고 우회하다 보면 익숙하지는 않지만 새로운 길을 만나게 된다.

사람은 헤매는 만큼 성장한다

이스라엘은 출애굽하고 난 뒤 약속의 땅 가나안으로 곧장 직진해서 들어가지 못했다. 광야 길을 40년 동안이나 헤맸다. 길이 아예 없는 곳에서 제자리걸음 할 때도 많았다. 가나안은 수없이 우회하면서도 삶을 포기하지 않은 자들을 위해 준비된 주님의 선물이었다.

요셉도 총리가 되고 가족들을 다시 만날 때까지 삶 속에서 수많은 우회로를 만나야만 했다. 전혀 예상치도 못하게 이스라엘 너머 이집트라는 해외 도로를 홀로 걸어야만 했다. 종살이와 감옥살이 등을 거쳐 그렇게 한참을 돌고 돌아 하나님의 뜻이 이루어지는 곳까지 이르렀다.

모세도 인생의 우회로를 많이 걸은 사람이다. 이집트 왕자에서 하루아침에 노숙자가 되어 버렸다. 하지만 그는 노년에 하나님의 은혜로 출애굽의 사명을 이끄는 이스라엘의 지도자로 거듭나게 되었다. 그는 하나님의 비전에 동참하는 영광을 누렸다.

사람은 헤매는 만큼 성장하는 법이다. 광야에서 헤매는 만큼 경험하는 땅은 넓어진다. 이런 의미에서 우회는 축복이다. 내 진학과 진로가 막히고, 취업과 사업이 불분명해지는 것은 하나님에게 밉보여서 그런 것이 아니다. 하나님이 참신하게 내 인생을 인도하고 계시다는 증거다. 대로는 운전하기는 좋지만, 시간이 길어지면 졸리고 재미없다. 고속도로보다는 국도로 달릴 때 속도는 느려도 시시각각 달라지는 풍경을 감상하는 재미가 있다.

우회하는 삶이 인생의 묘미요 재미다. 새로운 것들을 경험하는 것은 언제나 나를 성장시키고, 성장은 내게 행복을 준다.

모두가 선호한다고 좋은 길은 아니다

나는 젊은 시절, 박사 학위 진학에 실패한 경험이 있다. 나 자신에게 그리고 하나님에게 실망하고 있었을 때 하나님은 나를 맨해튼 청년 목회의 자리로 이끄셨다. 많은 청년과 젊은 부부를 섬기는 행복한 목사로 살아가게 하셨다. 결국 우리 눈에 보이는 실패는 사실 실패가 아니다. 과정일 뿐이다.

하나님은 우리를 느리지만 노래하고 춤추는 혹등고래가 되게 하신다. 하나님은 나를 행복하게 이끄시고 나를 통해 다른 사람들을 행복으로 초대하셨다. 나 한 사람만의 회복으로 그치는 은혜가 아니라, 그 은혜를 흘려보내 다른 사람들도 노래하고 춤추게 하셨다.

내 눈에 당장 좋아 보이는 길, 모두가 선호하는 길이 꼭 좋은 길이 아니란 걸 하나님은 자기 자녀들에게 가르쳐 주신다. 육체의 가시를 지닌 사도 바울도 이런 과정들을 거치면서 믿음이 자라 갔다. 그리고 그는 감옥에서 이렇게 고백한다.

나에게 능력을 주시는 분 안에서, 나는 모든 것을 할 수 있습니다. 빌 4:13

참된 신앙이란 주님 없이도 혼자 알아서 척척 잘해 내는 실력이 아니다. 참된 신앙이란 스스로에 대한 확신과 자신감이 아니라 주님에 대한 확신과 자신감이다. 말하자면 자신감(Self-confidence)이 아니라 '주신감(Christ-confidence)'이다.

주님, 제가 걷고 있는 이 길이
다른 사람들보다 느린 것처럼 보여도
실망하지 않겠습니다.
오늘 하루도 주님이 제 능력 되심을 믿는
'주'신감으로 살아가기 원합니다.

Day 5
실패의 한복판에서 다시 일어서기

의인은 일곱 번을 넘어지더라도 다시 일어나지만, 악인은 재앙을 만나면 망한다.

(잠 24:16)

목회자로 살다가 지금은 주님 품에 안기신 아버지는 십 대에 고아가 되셨다. 그래서 젊은 시절 많이 방황했다고 내게 말씀해 주셨다. 오랜 방황의 끝자락에서 주님이 아버지를 찾아와 주셨고, 아버지는 철저하게 돌이키셨다.

아버지를 변화시킨 성경 구절이 하나 있다. 바로 잠언 24장 16절 말씀이다. 소위 칠전팔기처럼 우리에게 익숙한 일반적인 교훈과도 같다. 하지만 이 말씀이 실패와 열등감과 좌절감으로 점철되어 있던 아버지의 삶을 송두리째 바꾸어 놓았다. 성령께서 아버지에게 삶에 대한 소망을 불어넣으신 것이다.

실패는 회복으로 돌아온다

우리는 인생을 살면서 자주 넘어진다. 자주 실패의 쓴맛을 본다. 어릴 때는 달리다가 혹은 자전거를 타다가 넘어졌다면, 커서는 마음이 넘어진다. 자신의 실패나 실수가 드러나고 누군가에게 창피를 당할 때면 우리의 얼굴은 어린아이처럼 붉어진다. 하지만, 실패는 창피한 일이 아니다. 실력이 없어서가 아니라 그저 운이 없어서 실패할 때가 사실은 더 많기 때문이다.

전 세계 프로 야구에서 안타를 가장 많이 치는 선수도 타율이 고작 3할대다. 투수가 던지는 공 열 개 중에 세 개 남짓 밖에는 안타를 못 친다는 뜻이다. 공격의 70퍼센트는 늘 아웃인 셈이다. 타자는 땅볼이나 삼진 아웃으로 쓸쓸히 퇴장한다. 만약 이 선수가 아웃을 당할 때마다 자책하고 좌절했다면 3할대 타자가 결코 될 수 없었을 것이다.

핀란드에는 '실패의 날'이 있다고 한다. 이날은 실패한 자산들을 꺼내 보이며 서로 격려하는, 용기를 칭찬하고 북돋워 주는 날이라고 한다. 실패했다는 건 무언가라도 시도했다는 말이고 그건 격려받을 만한 일이라는 거다.

여호수아서에 보면 모세의 뒤를 이은 리더 여호수아는 하나님으로부터 용기를 내라고 격려받는다. 그리고 난공불락의

성, 여리고 성을 멋지게 함락시키는 대성공을 거둔다. 하지만 이후 작은 아이성과의 전투에서는 예상치 못하게 대패하고 만다. 하나님은 여호수아에게 승리를 위한 용기만이 아니라 실패에서 다시 일어설 수 있는 용기도 주신 것이다.

소위 소명이라고 하는 것, 하나님의 부르심의 자리를 지키며 묵묵히 그 길을 걷는 것 그 자체가 하나님이 기뻐하시는 용기 있는 사람의 모습이다. 실패한 자리는 언제나 하나님의 뜻 가운데 소명의 자리로 변한다. 성도의 실패는 실패만으로 끝나지 않는다. 실패는 부메랑처럼 다시 돌아오기 마련이다. 상처로 돌아오는 것이 아니다. 회복이라는 이름으로 돌아온다.

주님은 우리를 반드시 구출해 내신다

나이 40의 모세는 젊은 혈기로 사람을 죽이고 광야로 도망쳐 40년을 살았다. 그는 이집트의 왕자에서 광야의 도망자로 하루아침에 추락했다. 소위 삶의 프라임 타임에 해당하는 40세에서 80세까지의 시간 동안 살인자라는 딱지를 붙이고 살아야만 했다. 그런데, 아무도 찾는 이 없던 그 광야에 하나님이 나타나셨다. 실패한 모세를 가시떨기에서 부르셨다. 그리고 그는 인생의 후반전을 출애굽 사명을 위해 헌신하는 삶으로 아름답게 꽃피울 수 있었다.

사도 베드로의 인생도 반전이 있다. 요한복음은 실패한 베드로에게 부활하신 주님이 찾아오시는 유명한 장면으로 끝이 난다. 주님은 베드로를 회복시키시고 그를 다시금 사람 낚는 어부로 살아가는 사명자로 세우신다.

우리가 지난날의 실패들에 연연해하지 않는 이유는 주님이 우리를 실패에만 머무르게 두시는 분이 아님을 믿기 때문이다. 주님은 우리를 반드시 구출해 내신다. 요셉을 웅덩이에서 건져 내시고, 모세를 이집트에서 탈출시키시고, 사도 바울을 감옥에서 해방시키신다. 그렇다. 주님은 구원자이시다!

미국 야구 선수 요기 베라(Yogi Berra)가 한 유명한 말이 있다. "끝날 때까지는 끝난 게 아니다."

그의 말처럼 아직 9회 말이 남아 있다면 내 삶은 끝난 게 아니다. 게임에서 가장 중요한 건 끝까지 포기하지 않는 마음, 뚝심과 끈기, 바로 근성이다. 주님이 나와 함께하시고 내 인생을 책임져 주시니 실패까지도 온몸으로 받아들이는 여유를 배우면 좋겠다. 연타석 홈런을 받아들이고 때론 마운드에서 내려올 줄 아는 투수의 용기, 삼진 아웃을 당해도 다시 배트를 들고 타석으로 들어서는 타자의 용기가 필요하다. 다시 일어서는 용기로 행복을 회복해야 한다.

인생이라는 경기에서 오늘도 나는 결코 혼자가 아니다. 나를 아끼고 사랑해 주는 가족들이 있고 교회 공동체 식구들이 있다. 무엇보다 나를 위해 죽으시고 다시 사신 예수님이 나와 항상 함께하신다.

오늘의
기도

주님, 오늘 하루 실패를
두려워하지 않고 살아가길 원합니다.
혹시 넘어져도
다시 일어나는 용기를 주옵소서.

Day 6

불안과 우울에서 벗어나기

예수께서 하늘에 올라가실 날이 다 되었다. 그래서 예수께서는 예루살렘에 가시기로 마음을 굳히시고 (눅 9:51)

2012년에 한국기독교목회자 협의회와 여론조사전문기관 글로벌리서치가 공동으로 실시한 "2012 한국인의 종교 생활과 의식 조사결과"에 "당신은 왜 교회에 다니고 신앙생활하십니까?"라는 질문이 있었다. 이 질문에 대해서 크리스천의 38.8퍼센트는 "마음의 평안을 얻기 위해서"라고 응답했고, 31.6퍼센트는 "구원과 영생 위해"라고 응답했다. 그리고 18.5퍼센트가 "건강, 재물, 성공 등 축복을 받기 위해서"라고 답했고, "가족의 권유로"(7.7퍼센트)와 "신도들과의 친교를 위해서"(3.5퍼센트)라는 답변도 있었다.

2015년에 우리 교회에서도 전체 성도들의 신앙 상태를 조사

춤추는 고래는 행복하다

하기 위해 설문을 한 적이 있다. 그때 60퍼센트 정도가 불안감을 가지고 있다는 대답을 했던 기억이 있다. 교회를 다니는 사람이든 아니든 삶에서 많든 적든 불안감을 가지고 살고 있고 마음의 평안을 원하고 있다는 사실을 발견할 수 있다.

불안은 사실 모든 인간의 실존이다. 그 시작은 에덴으로부터 추방당하던 때로 거슬러 올라간다. 우리가 다시 에덴으로 복귀하기 전까지 우리는 현실 속에서 불안과 공생하며 살아갈 수밖에 없다. 이런 점에서 불안은 불청객도, 환영할 만한 손님도 아니다. 불안은 그냥 늘 우리 곁에 기생하며 살고 있는 바이러스와도 같은 것이다.

하지만 우리는 우리 안에 탑재된 실존적인 불안을 없애려고 주변 상황이 바뀌길 바라는 것 같다. '이번 일만 잘되면 걱정이 없겠다.' '내가 대기업에 취직만 하면 소원이 없겠다.' '우리 딸이 좋은 대학에 들어가기만 하면 더는 바랄 게 없지.' 하지만 불안과 걱정은 회전목마처럼 때가 되면 기어이 내 앞에 다시 찾아오고야 만다.

2020년 1월 2일, 시겔 리(Sigel Lee)라는 미국의 작가이자 문화 비평가가 〈뉴욕타임즈〉 오피니언에 "미국인들은 왜 이렇게 우울할까?(Why Is American So Depressed?)"라는 제목의 글을 기고했다. 시겔은 이 글에서 최근 들어 미국의 정치와 미국인의 정신 건강이 동시에 아주 빠르게 쇠퇴한 것이 결코 우연의 일치가 아니라고 말한다. 이 주장을 설명하기 위해 몇몇 통계를 인용했는데, 그중 하나가 미국 정신과 협회가 2017년에 실시한 설문조사 자료다. 설문조사에 따르면 응답자의 36퍼센트가 2016년보다 2017년이 더 불안하다고 답했다고 한다. 또, 1,700만 명의 미국 성인이 2016년도에 적어도 한 번 이상의 '주요 우울장애(Major Depressive Episode)'를 겪은 적이 있다고 응답했고, 미국 성인 인구의 20퍼센트에 해당하는 4천만 명이 '불안 장애(Anxiety Disorder)'를 겪고 있다고 대답했다. 가장 슬픈 통계는 미국 사람들의 자살률이 1999년에서부터 2017년 사이에 33퍼센트 증가했다는 것이다.

시겔은 이와 같은 정신적인 대량 학살의 슬픈 통계들이 수십 년 동안 축적되어 온 사회적, 정치적 분열과 궤를 같이하고 있다고 말한다. 흑인과 백인, 남성과 여성, 젊은이와 노인 사이의 갈등과 반목이 미국인들의 정신 건강의 쇠퇴와 관련이 있다고 보는 것이다. 그러면서 시겔은 자신의 이야기를 나눈다. 그 역시 지금까지 여러 번 자살 충동을 비롯한 여러 가지 정신적인 어려움을 겪어 봤고, 또 우울증 약을 18개월 간 먹어 본 경험이 있다고 말이다. 그녀는 최근 우울증 약을 끊고 심리 치료와 개인적인 노력을 병행하고 있다고 고백한다.

춤추는 고래는 행복하다

주님과 연결되면 불안이 평안이 된다

19세기 실존주의 철학자이자 신학자인 키에르케고르(KierKegaard)는 불안 안에 인지적 성분이 있다고 생각했다. 그래서 불안이 우리가 우리 자신을 파악하는 데 도움을 준다고 여겼다. 불안을 통해 우리가 자유롭고, 하나부터 열까지 모든 면에서 가능성으로 가득한 피조물이라는 걸 깨닫게 된다고 보았다. 예를 들면, 낭떠러지에 선 사람이 불안감을 느끼는 건 그 낭떠러지에서 떨어질 자유가 사람에게 있기 때문이라는 것이다. 우리가 무언가 새로운 일을 시작할 때 불안감을 느끼는 건 당연한 일이다. 나이와 성격에 따라 느끼는 불안의 정도는 다르겠지만, 불안을 느끼지 않는 사람은 없다.

인간의 몸으로 이 땅에 오신 예수님도 십자가를 지러 예루살렘으로 올라가는 길에 불안을 느끼셨다. 하지만 그 불안감은 오히려 굳은 결심을 하게 만드는 재료가 되었다. 또 십자가를 지시기 전날 밤에도 심한 두려움과 불안을 없애고자 애쓰며 기도하셨다. "내게서 이 잔을 거두어 주십시오"(눅 22:42) 하고 땀이 핏방울 되도록 기도하셨다. 그리고 예수님의 불안은 하나님 아버지 안에서 평안으로 바뀌었다. 이처럼 불안은 오히려 우리에게 평안을 약속하신 주님께 나아갈 수 있는 재료가 된다.

찬송가 408장 "나 어느 곳에 있든지"의 작사가인 J. S. 브라운(J. S. Brown)은 후렴에서 이렇게 고백한다. "나의 맘속이 늘 평안해 나의 맘속이 늘 평안해 악한 죄 파도가 많으나 맘이 늘 평안해."

원래 영어 가사는 이렇다.

There's a deep settled peace in my soul.

There's a deep settled peace in my soul.

Though the billows of sin near me roll,

He Abides, Christ Abides.

(내 영혼 속에 깊이 자리잡은 평안이 있네

내 영혼 속에 깊이 자리잡은 평안이 있네

내 옆에서 죄악의 파도가 출렁거리지만

주님이 내 안에 머물고 계시네)

우리 삶의 상황이 편해지고 좋아져서 평안함을 누리는 것이 아니다. 파도가 출렁거려도 주님이 우리 안에 여전히 머물고 계셔서 우리는 안전하다. 성령 안에서 예수 그리스도가 주시는 평안을 헬라어로 '에이레네'라고 한다. 이 단어는 '결합하다, 연결되다'라는 말에서 파생된 단어이다. 우리가 주님과 연결될 때에만 주님이 주시는 평안을 선물로 받을 수 있다는 말이다.

어머니 뱃속에 있다가 갓 태어난 아기는 나오자마자 운다. 불안해서다. 어머니의 뱃속에서 탯줄로 연결되어 어머니의 맥박 소리를 들으면서 아홉 달을 지냈는데 그 탯줄이 끊어져 버려서다. 불안한 아이를 안정시키려면 어머니의 맥박 소리를 빨리 들려주어야 한다. 모유를 먹일 때에 아기를 품에 안고 먹인다는 것이 상식이지 않은가? 심장이 그곳에 위치하고 있기 때문이다. 아기는 젖을 먹으면서 그 맥박 소리를 듣고 안정감을 갖게 된다. 모유를 먹이면서 엄마와 아기 사이에 끊어졌던 맥박이 다시 연결되는 것이다.

우리도 마찬가지다. 주님의 자녀인 우리는 주님과 연결되어서 주님의 맥박 소리를 들을 때 평안을 누릴 수 있다.

주님, 오늘도 주님 품에 안겨
주님의 맥박 소리를 듣기 원합니다.
불안을 조성하고 조장하는 세상에서
내 안에 계신 그리스도를 바라보기 원합니다.
도저히 상상할 수 없는 하나님의 놀라운 평안이
그리스도 예수님 안에서
나의 마음과 생각을 지켜 주실 것을 믿습니다.

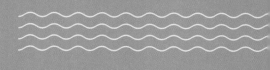

성장 사회에서 선을 선택하기

너 사람아, 무엇이 착한 일인지를 주님께서 이미 말씀하셨다. 주님께서 너에게 요
구하시는 것이 무엇인지도 이미 말씀하셨다. 오로지 공의를 실천하며 인자를 사랑
하며 겸손히 네 하나님과 함께 행하는 것이 아니냐! (미 6:8)

고대로부터 철학은 크게 세 가지 질문에 대해 대답해 왔다.

진리가 무엇인가?

선이란 무엇인가?

아름다움은 무엇인가?

이 질문들에 대해서 임마누엘 칸트(Immanuel Kant)는 세 가지
다른 질문으로 진선미의 문제를 풀어 나갔다.

나는 무엇을 알 수 있는가?

나는 무엇을 해야 하는가?

나는 무엇을 희망하는가?

구약성경에서 선지자 미가는 하나님이 원하시는 선이 무엇인지를 선포했다. 요약하면 공의, 인자, 동행이다. 공의란 진리인 하나님의 말씀을 따라 살아가는 것이다. 인자란 하나님의 인자(헤세드)에 기초해서 행동하는 것이다. 인간의 선은 이같은 공의와 인자를 갖추고 겸손히 하나님과 동행하는 것이다. 이런 선을 행하는 삶이야말로 아름다운 삶이다.

하나님 나라의 시민 윤리를 배워라

최초의 인간은 선과 악 중에 악을 선택했다. 선악과를 따먹었다는 것은 선악의 기준을 더는 하나님이 아니라 자기 자신에게 두겠다는 인간의 의지적 표현이다. 이때부터 인간은 선을 행하기보다는 악을 더 즐기게 되었다. 그러면서 인간은 진리 되신 하나님으로부터 멀어졌고 아름다움에서 멀어졌다. 이 땅에 추함을 드러내게 되었다.

예수님은 진선미를 잃어버린 인간을 구원하러 이 땅에 오셨다. 우리를 새 사람되게 하려고 오셨다. 이제 하나님 왕국의 영원한 왕 되신 예수 그리스도를 믿고 따르는 사람은 그리스도 안에서 새 언약의 백성이 되는 은혜를 얻게 되었다. 그리스도 안에서 새 사람으로 변화되었고, 그 사실을 확인하는 것이 세례다.

누구든지 그리스도 안에 있으면, 그는 새로운 피조물입니다.
옛 것은 지나갔습니다. 보십시오, 새 것이 되었습니다. 고후 5:17

사도 바울의 선포처럼 그리스도와 연합하고 세례받은 사람은 새 언약의 백성이 된다. 그리고 새 언약의 상징인 떡과 포도주를 먹고 마시는 성찬에 참여할 수 있게 된다. 이렇게 그리스도 예수 안에서 하나님과 새 언약을 맺은 하나님의 새로운 백성들 또한 구약의 언약 백성들과 동일하게 공의를 행하고 인자를 사랑하며 겸손히 하나님과 동행하는 삶으로 부름을 받는다. 말 그대로 하나님 나라의 진선미로 하나님의 영광과 아름다움을 세상 가운데 드러내는 소명으로 부름을 받게 된다.

이 소명에 대해서 예수님이 구체적으로 가르쳐 주신 것이 마태복음 5-7장에 담긴 산상수훈이다. 산상수훈은 예수님이 이 땅에 오신 메시아로서 자신의 왕국에 참여한 하나님 나라 백성의 삶에 대해서 가르쳐 주신 설교다. 구약의 십계명을 토

대로 해서 구약을 재해석해 주시면서 공의와 인자와 동행의 삶을 살아가는 하나님 나라의 시민 윤리를 가르쳐 주신 말씀이다.

윤리학에서 말하는 소위 '최고의 선'(라틴어로는 Summum Bounum)이 기독교 윤리학에서는 '먼저 하나님 나라와 그의 의를 추구하는 삶'이라고 말할 수 있다(마 6:33). 하나님 나라와 의를 구하는 삶의 구체적인 예가 바로 십계명이다. 그래서 예수님은 십계명을 재해석해 주셨다. 십계명의 핵심은 하나님 사랑과 이웃 사랑이다. 공의와 인자와 동행의 삶은 사실 이것으로 요약된다. 인간의 진선미는 결국 하나님을 사랑하고 이웃을 사랑하는 삶의 모습에 있는 것이다.

일상의 삶 속에서 진리의 영이신 성령을 따라 살아가는 그리스도인은 거짓이 아닌 진실한 삶을 추구한다. 더불어 살아가는 사람들을 향해 긍휼의 눈으로 바라보시던 예수님의 사랑으로 사람들을 대하는 헤세드의 삶을 실천한다. 내가 주인되어 살아가는 것이 아니라 겸손히 주인되신 주님과 동행하며 순종하는 삶을 산다. 이것이 새 사람의 삶이다. 사도 바울도 새 사람된 성도를 빛으로 비유하면서 빛의 열매를 "모든 착함과 의로움과 진실함"(엡 5:9)에 있다고 말씀하지 않는가?

하나님이 바라시는 건 무한 성장이 아니다

요한 하리(Johann Hari)는 《도둑맞은 집중력》에서 빅테크 기업들의 비윤리적인 경영 때문에 일반 시민들이 얼마나 집중력을 잃어버리고 주의가 산만한 사람들이 되어 버렸는지를 고발한다. 빅테크 기업들이 사람들의 정보를 다 가지고 있어서 알고리즘으로 그들을 유혹하고 돈을 쓰게 하고 자신의 삶에서 집중력을 잃어버리고 살아가게 한다는 것이다.

요한은 개인이 집중력을 잃어버린 데에 있어서 소셜 미디어를 비롯한 소위 빅테크 기업들이 사용하는 감시 자본주의 방식이 문제라고 지적한다. 기업들이 사람들을 감시하고 정보를 수집해서 AI로 그 사람을 조종하고 소비를 부추기고 소셜 미디어에 머무르는 시간을 늘려서 집중력을 흐트리고 있다고 진단한다. 단지 한 개인의 중독 성향을 탓하는 것에만 그치는 게 아니다. 기업들이 구조적인 문제에서부터 윤리적으로 변해야 한다고 도전장을 내민 것이다.

요한은 런던정치경제대학교 교수이자 경제인류학자인 제이슨 히켈(Jason Hickel)의 주장을 빌려서, 무한성장으로서의 경제 방식 대신에 '평행 상태 경제(Steady-state economy)'를 대안으로 주장한다. 몸이 녹초가 될 만큼 일해서 우리가 갖고 싶은 물건을 더 많이 소유하게 하는 것을 번영이고 행복이라고 착각하게 만드는 무한 경제성장의 법칙을 따르는 게 아니라, 느리지만 꾸준하게(steady) 자라는 경제방식을 선택해야만 지구 자원의 고갈도 막고 환경 문제도 해결할 수 있다고 말한다. 기업들이 돈만 많이 벌면 그만이라는 생각을 버리고 시민들에게 도덕적이고 정신적인 도움이 되도록 하는 것이 무엇인지를 고민해 달라는 요청이다.

하나님이 이 땅을 창조하시고 "땅을 정복하고 다스려라"라고, 소위 문화 명령, 창조 명령을 주셨을 때, 이 말씀이 "무한 성장해라, 속도를 내어 빨리빨리 문화를 이룩해 내놓거라"라는 식의 결과물을 독촉하는 CEO의 메시지는 결코 아니었을 것이다.

잠 잘 시간도 없이 사람들은 바쁘게 일하고, 그런 불쌍한 자기 자신을 즉각적인 도파민으로 보상하려는 시대, 미디어, 스마트폰에 중독되어서 본질에 집중력을 잃어 가는 시대다. 이 시대에 그리스도 안에서 회복된 새 사람은 내가 과연 어떻게 AI와 맞설 수 있을까 하는 두려움이나 남들에게 뒤쳐지지 않으려는 조급함의 몸부림으로부터 벗어나야 할 것이다. 인간 본연의 아름다움을 회복하기 원하시는 우리 주님의 눈빛을 바라보며 그분의 음성에 날마다 귀를 기울여야 할 것이다.

"너희는 먼저 하나님의 나라와 하나님의 의를 구하여라. 그리하면 이 모든 것을 너희에게 더하여 주실 것이다"(마 6:33)라고 약속하신 주님의 음성을 매일 들어야 할 것이다. 모두가 자신의 양심을 버리고 불의한 방법이라 할지라도 성공을 향해 달리며 거짓을 일삼는 세상 속에서 새 사람은 정직을 선택하다가 손해 보는 불이익을 경험할 것이다. 하나님의 인자(헤세드)를 본받아 사람들을 긍휼히 여기며 용서를 실천하며 살아가다가 호구가 되어 사람들에게 무시당하고 마음의 큰 상처를 입기도 할 것이다.

그럼에도 불구하고 새 사람은 묵묵히 십자가의 길을 걸어가셨던 주님의 발자취를 따라 겸손히 주님과 동행하는 그 길을 결코 포기할 수 없다. 묵묵히 걸어가는 그 길이 바로 광야 같은 이 땅에 길이 될 것이고 어둔 세상에 빛이 될 것이기 때문이다. 때론 힘들고 지쳐도 그 길을 포기하지 않고 지금까지 걸어온 당신에게 참 잘하셨고 정말 수고 많으셨다고 격려해 주고 싶다. 그리고 앞으로도 이 길을 포기하지 말자고, 아니 포기할 수 없다고 말해 주고 싶다.

오늘의
기도

도덕과 윤리가 점점 더 실종되는 세상 속에서
하나님 나라 시민으로서
소금과 빛으로 살아가기 원합니다.
오늘 하루도 그리스도의 진, 선, 미를 본받아
진실하고 선하고 아름다운 삶을 살게 하소서.

Part 2.　　소박하게, 그리고 풍요롭게

: 은혜의 복음이 나를 새롭게 한다

Day 8

할 일이 태산일 때 잠시 멈춰 보기

그러나 주님의 일은 많지 않거나 하나뿐이다. 마리아는 좋은 몫을 택하였다. 그러니 아무도 그것을 그에게서 빼앗지 못할 것이다." (눅 10:42)

마르다는 주방의 여왕이었다. 배고파하는 열세 명의 남정네를 먹이기 위해 며칠 전부터 온갖 요리책을 뒤지며 메뉴를 골랐다. 마르다는 국수 면이 너무 퍼지지도 않고 너무 덜 익지도 않게 적당히 탱탱함을 유지하도록, 소스는 너무 짜지도 맵지도 않고 담백하면서도 감칠맛이 나게 하려고 온갖 신경을 썼다. 애피타이저와 디저트까지 꼼꼼하게 준비한 뒤에는 꽃장식을 이용해 예쁘게 꾸미고 싶었다. 테이블보와 접시와 물컵과 수저 등도 디자인을 맞춰서 최대한 예수님을 융숭하게 대접하고 싶었다. 열세 명의 남정네의 입에서 "역시 마르다야"라는 찬사가 터져 나오기를 기대했다.

그렇게 마르다가 손님 접대를 위해 분주할 때, 마리아는 거실에서 열세 명의 남자들 사이에 앉아 시시덕거리고 있었다. 마르다는 기가 차고 어이가 없어서 말이 안 나왔다.

'마리아 얘는 정신이 있는 애야 없는 애야. 언니는 부엌에서 전쟁을 치르고 있는데, 자기는 지금 손님들이랑 노닥거리고나 있다니! 예수님은 또 왜 마리아를 끼고도시는 거야. 맘에 안 들어, 맘에 안 들어!'

마르다는 앞치마를 두른 채 씩씩거리며 거실로 나왔다. 그리고 마리아를 향해 매서운 눈초리로 쩨려봐 주고는 예수님에게도 눈을 치켜뜨며 짜증 섞인 말투로 이야기했다.

"아니, 예수님. 예수님도 남자는 남자네요! 마리아가 나 혼자 부엌에서 일하게 내버려두고 이러고 있는 것 안 보이시나요? 예수님이 꾸짖으시고 저를 도와주라고 하셨어야죠!"

마르다는 지금 상황이 굉장히 불공평하게 돌아간다고 느꼈다. '내가 이렇게 힘든데, 왜 내 주위 사람들은 날 도와주지 않는거지?'라는 생각은 우리에게 안 좋은 감정을 부추긴다. 결국, 마르다는 자기 의, 자기 중심성이라고 하는 함정에 걸려든 것이다.

한 가지 일만 해도 충분하단다

마르다는 자신의 하소연을 들은 예수님이 얼른 마르다에게 "아이고 마르다야, 미안해. 우리가 너무 무심했구나. 마리아야 어서 일어나렴. 베드로, 요한, 다 일어나서 마르다를 도와주러 가자"라고 말씀하시면서 부엌으로 직진할 것을 기대했을 것이다. 마르다는 자신의 이 마음과 상황을 예수님이 이해해 주시고 자기 편이 되어 주실 거라 믿었다. 하지만, 예수님은 마르다의 기대를 보기 좋게 저버리셨다. 예수님의 '우쭈쭈'는 없었다.

물론 예수님은 마르다의 심정을 알고 계셨다. 하지만 예수님이 제자들과 마리아를 데리고 부엌으로 들어가서 함께 부엌일을 하는 것으로 마르다의 근본적인 부분이 고쳐지지 않을 것 또한 아셨다. 화가 난 여인의 마음을 이해하고 공감해 주는 쿨한 남자로 인정받는 것은 예수님이 바라시는 바가 아니었다. 예수님은 마르다를 구원하려고 오셨지, 그녀의 분노를 누그러뜨려 주고 마르다가 원하는 것을 뭐든지 다 들어주기 위해 이 땅에 오신 분이 아니기 때문이다. 그것은 참 사랑이 아니다.

예수님은 빙그레 미소지으며 말씀하셨다.

춤추는 고래는 행복하다

"마르다야, 마르다야. 진정하렴. 네가 지금 많은 일을 하느라고 마음이 어렵고 분주한 것 같은데, 여러 가지 많은 일을 하려고 하지 말거라. 한 가지만 해도 충분하단다. 마리아는 이 좋은 것, 한 가지를 선택했어. 마리아의 이 선택은 빼앗기지 않는 기쁨의 선택이야."

예수님의 이 말씀을 듣고 마르다가 어떻게 반응했을까? 이후 마르다의 모습은 누가복음에 나오지 않는다. 하지만 우리는 요한복음에서 예수님의 제자로 변화되고 성숙해 가는 마르다의 모습을 본다. 요한복음 12장에 보면 그 유명한 예수님 발에 향유옥합을 깨트려 붓는 마리아의 모습이 나온다. 이때도 마르다는 부엌에서 일하고 있다. 그런데 흥미로운 사실은 마르다가 거실로 쫓아와서 마리아와 예수님에게 자기를 왜 안 도와주느냐고 따지지 않는다. 마르다는 성숙한 모습으로 부엌 봉사를 하고 있다.

마르다의 세상에서 마리아로 살기

누가복음에 나오는 마르다와 마리아 자매의 이 유명한 이야기는 우선순위에 대한 가르침을 준다. 많은 것을 한꺼번에 하려던 마르다의 마음에는 염려와 짜증과 분노가 자리 잡고 말았다. 예수님을 위해 최고의 식탁을 준비하려던 선한 뜻은 시간이 지나면서 퇴색되어 버렸다.

현대인들은 생각이 복잡하다. 빠르게 변하는 세상 속에서 살아남으려니 생각의 양이 많아지고 속도가 빨라지게 됐다. 마감 시간 전에 일을 끝내야 한다는 압박감이 있고, 모든 일을 완벽하게 처리해야 한다는 강박이 있다. 여기에 현대판 마르다들의 고민이 있다. 언제나 마리아처럼 예수님의 말씀을 들으며 천국 같은 삶을 살고 싶지만, 눈앞의 현실에는 끊임없이 삶을 공격해 들어오는 독재자가 있다. 찰스 험멜(Charles Hummel)이 말한 '긴급한 일이라는 이름의 독재자'다. 험멜은 말한다.

"우리는 긴급한 일과 중요한 일들 사이에서 끊임없이 발생하는 팽팽한 긴장 속에 살고 있다. 문제는 중요한 일들이 오늘 또는 이번 주 안에 끝나는 경우는 거의 없다는 것이다. 기도와 성경 공부 시간은 미룰 수 있다. 그러나 긴급한 일들은 즉각적인 행동을 요구한다. 그런 긴급한 요구들은 끊임없이 매일 매 시간 우리를 짓누른다."

살림을 해야 하고, 아이들을 돌보고, 학교 등하교를 비롯해 영어, 수학, 피아노, 체육 등 온갖 학원에 데려다주어야 한다. 학교에서는 학부모회, 녹색어머니회, 공개수업 등에 참여하라는 공지가 온다. 남편에게 사랑과 관심을 주어야 하고, 교회에서는 봉사도 해야 하고, 마감일 전에 회사 일도 끝내야 한다. 이 중에 쓸데없는 일은 하나도 없다. 워킹맘들 그리고 전업주부들의 삶은 그야말로 끝도 없는 일의 연속이다.

24시간을 아무리 쪼개도 나에게 주어지는 모든 책임을 완수하기에는 턱없이 부족한 오늘날의 마르다들에게 예수님은 잠시 멈추고 주님 발 앞에 머무르는 마음의 여유를 갖기를 원하신다. 여러 가지 일로 분주하고 바쁜 와중에 도대체 어떻게 예수님 발치에 앉아 여유롭게 그의 말씀을 들을 수 있는 걸까? 예수님을 섬길 에너지를 어디서 어떻게 충당해야 할까? 어떻게 해야 급한 일들을 다 하면서도 '더 좋은 편'을 택할 수 있을까?

하나님은 성과를 내놓으라 하지 않으신다

우선순위에 대해 흔히 하는 분류는 네 가지다. 급하고 중요한 일, 급하고 안 중요한 일, 안 급하고 중요한 일, 안 급하고 안 중요한 일. 여기서 제일 먼저 해야 하는 일은 무엇일까? 당연히 급하고 중요한 일이다. 그럼 내 삶에 급하고 중요한 일은 뭘까? 바로 주님과의 교제다.

대개 주님과의 교제를 중요하다고 생각하지만 급하다고는 생각하지 않는다. 그래서 삶의 우선순위에서 항상 다른 급한 일에 밀린다. 그러나 주님과의 교제가 사실은 가장 긴급한 일이다. 주님이 도적같이 오실 것이기 때문이다. 항상 기도하고 깨어 있으라고 주님이 직접 말씀하셨기 때문이다. 성경에는 시간 날 때 기도하고 급한 일 없을 때 성경 보라고 하신 말씀이 없다. 쉬지 말고 기도하고 주야로 말씀을 묵상하라고 말씀한다.

주님과의 교제는 가장 긴급하고 중요한 일이 틀림없는데 왜 우리는 이게 잘 안 될까? 인생을 '성과 중심'으로 살고 있기 때문 아닐까? 하나님이 인간을 지으신 목적은 하나님을 예배하기 위해서이다. 하나님은 우리를 노동자로 창조하지 않으셨다. 예배자로 창조하셨다. 에베소서 1장에도 나와 있듯이 하나님이 아들 예수 그리스도를 이 땅에 보내시고 우리를 구원하신 이유도 그의 영광을 찬송하게 하기 위해서다.

하나님은 우리가 인생을 성과 중심으로 살면서 사람들의 박수갈채에 목말라하고 결과물로 내 존재를 증명하는 옛사람의 모습으로 살기를 원치 않으신다. 성과 때문에 사람을 무시하거나 멸시하고, 인간을 인간으로 대접하지 않으며, 자기 의에 사로잡혀 있는 미성숙한 사람으로 살기를 원치 않으신다.

하나님은 우리가 관계 중심으로 살기 원하신다. 하나님과의 관계, 이웃과의 관계를 통해 행복을 누리는 새 사람의 삶, 영생의 삶을 살기를 원하신다.

하나님은 어떤 목적과 성과를 위해 나를 이용하시는 분이 아니다. 우리를 통해 무언가 이득을 보고 하나님의 영광을 업그레이드하기를 원하시는 분이 결코 아니다. 나를 있는 그대로 사랑하시고 나와 인격적인 관계를 맺기 원하신다.

예수님은 "나는 포도나무요, 너희는 가지이다. 사람이 내 안에 머물러 있고, 내가 그 안에 머물러 있으면, 그는 많은 열매를 맺는다"(요 15:5)라고 말씀하셨다. 그리스도인의 삶은 성과 지향적인 삶이 아니라 관계 지향적인 삶이며, 그 관계 속에서 자연스럽게 맺히는 열매로 기뻐하는 삶이다. 열매는 내 노력이 아니라 주님의 은혜의 선물로 주어지는 것이다. 가지가 열매를 맺는 것이 아니라 나무가 열매를 맺는 것이기 때문이다. 가지는 열매를 얻을 뿐이다.

예수님이 마르다에게 말씀하신 '한 가지 일이라도 족하다'라고 하신 말씀은, 그 일을 더 잘하기 위해서 철저히 시간을 관리하고 계획성 있게 살아 보라는 자기 계발의 메시지가 아니다. 그저 내게로 오라는 초대다. 즉 마르다에게 말씀하신 '한 가지 일'은 예수님과의 인격적인 교제다.

혹시 이 최우선순위가 잘못되어 있어서 분주하고 바쁘게
살아가는 있지는 않은지 나 스스로를 돌아보자. 주님 발치에
조용히 앉을 여유조차 없는 분주한 삶이 되지 않기를 바란다.

오늘의
기도

주님, 바쁘고 분주한 삶 속에서
주님과의 교제라고 하는
최우선순위를 잊지 않기 원합니다.
주님과의 깊은 사귐을 즐기는
행복한 인생이 되기 원합니다.

다 끝난 것 같더라도 조금만 더 기다리기

사랑은 오래 참고… (고전 13:4a)

사람을 사망으로 몰아가는 '4망'이 있다. 욕망, 실망, 원망, 절망이다. 욕망은 실망을 낳고 실망은 원망으로 자라나고 원망은 절망으로 이어진다. 절망은 단지 희망의 반대말 즉 희망 없음 만을 의미하지 않는다. 절망은 단지 우울한 감정과는 달리 불균형에 가깝다. 나와 세상 사이의 불균형, 나와 회사 사이의 불균형, 연인이나 부부 사이에 좁혀질 것 같지 않은 간극의 불균형, 현실과 이상 사이의 불균형이 우리에게 실망과 원망과 절망을 안겨주고 사망의 음침한 골짜기로 우리를 몰아간다.

하나님 나라를 꿈꾸지만 현실이 지옥처럼 느껴질 때 오는 불균형은 우리를 절망으로 이끌어 간다. 내가 아무리 열심히 노력해도 세상이 안 바뀐다는 것을 알게 될 때, 내 노력과 결과가 일치하지 않을 때 우리는 절망한다. 결국 절망은 욕망의 또 다른 모습이다. 욕망은 참된 자아를 빼앗아 가고 자기 자신에 대해 절망하게 만든다. 그래서 모든 절망은 외부가 아니라 자신에 대한 절망으로 귀속되기 마련이다.

이 모든 절망으로부터 벗어나려면 어떻게 해야 할까? 하나님의 오래 참으심을 배워야 한다. 결과를 빨리 보기 원하는 우리의 조바심이 불균형의 원인이다. 내 욕망도 서서히 바르게 자라 가야 한다.

하나님은 나를 욕망하신다. 나에 대한 기대가 엄청 크시다. 죄인에 불과한 내가 예수님의 형상을 닮기를 원하신다. 기대가 없으셨다면 크리스마스도 부활절도 없었을 것이다.

하나님의 나를 향한 사랑은 천년만년 참으시는 오래 참으심이다. 그래서 사도 바울은 하나님의 사랑에 대해 묘사할 때 "사랑은 오래 참고…"(고전 13:4)라고 시작한 것 같다. 하나님의 성품인 오래 참음은 우리 삶에 맺혀질 성령의 열매 중 하나이기도 하다(갈 5:22).

기다리는 것이 신앙의 테스트다

이스라엘 땅은 석회질이 많아 비가 오지 않으면 시멘트처럼 딱딱해진다. 우기가 되어 이른 비가 내려야 딱딱한 땅이 부드럽게 되어서 농부들이 밭을 기경해 씨를 뿌릴 수 있다. 농부가 아무리 수고해도 늦은 비가 오지 않으면 곡식은 열매 맺지 못한다. 그래서 농부는 이른 비와 늦은 비를 기다리며 오래 참음을 배운다.

내가 열심히 노력했지만 열매를 맺는 것은 하나님의 은혜임을 아는 것, 내 힘으로는 안 된다는 것을 깨닫고 하나님이 해결해 주신다는 믿음으로 기다리는 것이 오래 참음이다. 기다리다 보면 마음이 흔들릴 때가 있다. 그러나 주를 바라보고 믿는 사람은 강하고 굳은 마음으로 끝까지 흔들리지 않고 주 앞에서 오래 참을 수 있다. 아무리 억울한 일, 어려운 일을 당해도 믿음을 지키고 주 앞에서 오래 참으면 복이 있다는 것을 우리는 안다. 그래서 우리는 지금 안심할 수 있다. 결말을 알면 인생은 쉽다.

고난의 최고점은 바로 예수 그리스도다. 흠 없는 하나님이신 예수님이 십자가의 온갖 수치와 고통을 다 받으셨다. 주님은 부활의 영광을 아셨기에 기꺼이 십자가를 지셨다. 내 삶에

춤추는 고래는 행복하다

도 부활의 역사는 있기 마련이다. 내 안에서 역사하시는 성령님은 바로 부활의 주님이고 영이시다. 그러므로 나는 어떠한 경우에도 주님을 바라보고 "주여, 내 뜻대로 하지 마옵시고 주의 뜻대로 이루시옵소서"라고 기도해야 한다. 주님의 뜻이 최선이고 축복이기 때문이다.

누가복음 15장에 나오는 소위 '돌아온 탕자 비유'는 사실 오래 참고 기다리는 아버지의 비유다. 이 비유는 아들이 돌아오기를 한없이 기다리는, 오래 참으시는 하나님의 마음을 보여 준다.

우리는 어떤가. 우리도 기다린다. 배우자가 나타나기를, 기도 응답이 오기를, 반항적인 자녀가 철들기를, 일자리가 나타나기를, 건강이 나아지기를, 갈등이 끝나기를, 경제적인 압박에서 벗어나기를 오래 참고 기다린다. 오래 참고 기다리는 것은 나를 위한 하나님의 계획의 일부다. 하나님의 때를 오래 참고 기다리는 것이 신앙의 테스트다.

믿음의 영웅들의 명단을 보면, 오래 참고 잘 기다린 사람들로 가득 차 있다. 다윗 왕은 사울을 피해 아둘람 굴에서 오래 참고 기다렸다. 욥은 소중히 여기던 모든 것을 잃어버리고도 하나님에 대해 오래 참고 기다렸다. 엘리사벳과 사가랴는 노년이 될 때까지 오래 참고 기다리고 난 후에야 특별한 아이인

세례 요한을 낳았다. 사도 바울은 감옥에서 석방되기를 오래 참고 기다리면서 편지들을 썼는데, 그것이 오늘날 신약 성경의 일부를 이루게 되었다.

하나님 역시, 세상 죄를 대속할 예수 그리스도를 보내시기 위해 '때가 찰 때까지' 오래 참고 기다리셨다. 이처럼 우리가 하나님의 주재권(主宰權)에 얼마나 굴복하며 사는지는 '오래 참음'이라는 도가니에서 테스트받는다.

하나님은 내가 운명론적인 관점을 가지고 체념 상태로 살거나 초조해하고 염려하는 것을 원치 않으신다. 오래 참음을 통해 하나님이 모든 일에 있어서 주님이시요, 그 모든 것의 시간 조절에 있어서도 주님이심을 고백하기 원하신다.

우리는 이 소망으로 구원을 얻었습니다. 눈에 보이는 소망은 소망이 아닙니다. 보이는 것을 누가 바라겠습니까? 그러나 우리가 보이지 않는 것을 바라면, 참으면서 기다려야 합니다. 롬 8:24-25

기다리면 반드시 열매를 수확한다

《실락원》을 쓴 존 밀턴(John Milton)은 매우 다정다감하고 정직한 사람이었다. 그는 왕당파 부자의 가정에서 성장한 매리라는 여성과 결혼했다. 그러나 매리는 결혼한 지 한 달 만에 친정으로 돌아가고 말았다. 그녀는 밀턴의 청교도적인 삶이 싫었다.

"나는 풍요롭고 자유분방한 가정에서 성장했다. 밀턴의 엄격한 청교도적 삶은 견딜 수가 없다."

밀턴은 인내심을 갖고 아내를 오래 참고 기다렸다. 2년 후, 매리는 밀턴에게 돌아와 눈물로 용서를 빌었다. 당시 매리의 가정은 완전히 몰락한 상태였다. 반면 밀턴은 사회적으로 상당한 명성을 얻고 있었다. 아내는 모든 것을 잃은 후에야 남편에게 돌아왔다. 밀턴의 불행한 신혼시절은《실락원》을 집필하는데 결정적인 소재가 됐다. 자신의 낙원을 잃음으로써 비로소 명작을 완성한 것이다. 우리는 소중한 것을 얻기 위해 때로는 많은 것을 잃는다. 그러나 인내를 갖고 오래 참고 기다리면 반드시 그 열매를 수확한다.

아랍 속담에 "태양만 비추면 사막이 된다"라는 말이 있다. 우리는 밝은 태양을 원하지만 태양만 계속되면 우리 인생은 사막이 되고 만다. 우리 인생이 촉촉하고 푸르게 성장하기 위해서는 반드시 비가 필요하다. 사람들은 무지개를 좋아한다. 하지만 그 화사하고 아름다운 무지개를 보기 원한다면 소낙비를 각오해야 한다. 소낙비가 없이는 결코 일곱 빛깔의 무지개를 경험할 수 없는 법이다. 다양하고 아름다운 무지개와 같은 인생을 원한다면 때로는 아픔과 고통의 소낙비를 맞아야 하고 견뎌야 한다. 오래 참고 기다리고 기도하는 사람이 무지개를 본다. 오래 참으시는 주님의 성품을 닮아 가는 매일이 되면 좋겠다.

오늘의
기도

주님, 빠르게 욕망하고 변화하는 세상 속에서
빠르게 실망하고 원망하고 절망하는 삶이 아니라
다시 오실 주님을 희망하며,
오래 참는 사랑으로 살아가는
오늘 하루가 되기를 원합니다.

Day 10
절망한 자아에 참 평안을 더하기

네가 이제 큰일을 찾고 있느냐? 그만두어라. 이제 내가 모든 사람에게 재앙을 내릴 터인데 너만은 내가 보호하여, 네가 어디로 가든지, 너의 목숨만은 건져 주겠다. 나 주의 말이다.'"(렘 45:5)

예레미야 45장에 보면 우울, 절망, 그리고 희망과 연관되어 있는 한 인물이 등장한다. 바룩이다. 우리에겐 그저 예레미야 선지자와 함께했던 인물로 여겨지는 바룩은 유대인들에게는 지금까지도 무척 유명하다. 뉴욕 맨해튼에는 그의 이름을 딴 버룩칼리지(Baruch College)가 있는가 하면, 외경, 제2경전 중에는 바룩서도 있다. 그만큼 유대인들은 예레미야뿐 아니라 바룩도 훌륭한 선지자급 인물로 여긴 것을 알 수 있다.

당대의 유대인들이 그토록 핍박하고 싫어했던 예레미야나 바룩을 후대의 유대인들은 왜 흠모하고 존경하게 된 것일까? 그것은 험난하고 고통스러웠던 나라의 어둠 속에서 진리의 길

을 걸으며 신앙을 따라 살았던 믿음의 사람들이었기 때문일
것이다.

쉬운 소명은 없다

어떻게 보면 바룩은 예레미야의 서기관이나 비서 혹은 제
자처럼, 성경에서 주연이 아닌 조연으로 등장하는 인물이다.
마치 모세 곁의 여호수아나 엘리사 곁의 게하시와 같은 인물
이다. 그런데 이 2인자들은 스승의 인간적인 고뇌와 아픔과 고
난을 곁에서 고스란히 지켜본 사람들이기도 하다. 이 사람들
도 동역자로서 비슷한 고뇌가 있었을 것이다.

하나님이 맡기시는 소명의 일들은 쉬운 게 하나도 없다. 만
약 사역이 쉽다고 말한다면 어딘가 문제가 있는 거다. 사역은
원래 힘들고 어려운 일이다. 그래서 오래 하다 보면 지치고, 마
음이 상하고, 탄식이 나오고, 기진맥진해진다. 평안할 일이 없
기 마련이다.

바룩은 예레미야가 준 메시지를 두루마리에 받아 적고 그
내용을 성전에서, 그리고 여러 도시들을 돌아다니면서 온 백
성에게 전해야 하는 대변인이었다. 예레미야 선지자가 바룩을
통해 하나님의 경고의 메시지를 전할 때는 고대의 유명한 전

투인 갈그미스 전투[1] 바로 전이었다.

유다 왕 여호야김과 고위 관리들은 친애굽파로서 애굽만 쳐다보며 희망을 걸고 있었다. 그래서 하나님은 너희가 애굽에 희망을 건다고 바벨론으로부터 안전한 것이 아니라고, 모든 백성이 우상숭배를 비롯한 모든 불의와 악으로부터 떠나 회개해야 한다고, 그렇지 않으면 하나님이 너희에게 내리기로 작정하신 모든 재앙을 내리실 거라고 하는 메시지를 바룩을 통해 국가적 금식일에 성전에서 선포하게 하셨다. 그러니까 국가의 운명이 달린, 중요하고도 역사적인 시점에서 하나님이 예레미야와 바룩을 통해 너무도 중요한 말씀을 해 주신 것이다.

그런데 바룩의 사역 결과가 무엇이었는 줄 아는가? 단 한 사람도 그의 말을 듣지 않았다! 예레미야의 부탁으로 순종해서 성전에서 떨리는 마음으로 하나님의 메시지를 낭독했는데, 아무도 이 회개를 촉구하는 설교에 반응하지 않았다.

예나 지금이나 회개를 강력하게 촉구하는 설교는 사람들에게 인기가 없을 뿐만 아니라 비난을 받는다. 하지만, 자신의

---

1 갈그미스 전투 : B.C. 605년 당시 바벨론의 왕자이자 장군이던 느브갓네살이 앗수르, 애굽 연합군과 싸워 이김으로써 고대 근동에서 바벨론을 신흥 패권국가로 등극시킨 전투.

춤추는 고래는 행복하다

죄를 깨닫지 못하면 그 어떤 은혜도 누릴 수 없고 그 어떤 소망도 품을 수 없다는 사실을 우리는 잊지 말아야 한다. 바룩은 자신의 사역이 실패했다고 하는 일종의 좌절감과 절망감을 경험했던 것 같다.

우리는 왜 절망하는가

바룩은 소위 명망가 집안 부잣집 도련님이다. 아버지와 형이 정치권에서 고위 관직에 있었다. 어쩌면 이런 사역적인 좌절 앞에서 자신의 소명에 대해서도 흔들리는 마음이 들었을 것 같다. '내가 왜 예레미야 선지자한테 붙어서 이런 고생을 하고 있지? 내가 뭐라고 아무도 듣지도 않을 이런 말들을 쏟아내고 있나? 나도 그냥 형처럼 정치나 할 걸 그랬나?' 하는 생각이 들었을런지도 모른다. 억울한 감정이 솟구쳐 올라왔을 것이다. 왜 나만 이렇게 힘들게 사나 하는 생각, 곧 자기 연민에 빠졌을 수도 있다.

그리고 무엇보다 자신의 이런 고통스러운 상황이 하나님이 슬픔을 더하셨기 때문이라 여겨서 영적으로 더 힘들고 탄식이 나오고 마음에 평안도 없고 앞이 막막했을 것이다. 사람들이 회개할 거라 여겼던 기대가 여지없이 물거품이 되어 버린 데서 밀려온 사역에 대한 좌절감이 있었을 것이다. 그런 가운데 하나님이 도와주시지 않는 현실에 대한 슬픔도 따랐을 것이다. 마음이 몹시도 괴로웠을 것이다. 또한 회개하지 않는 자기 동족들을 보면서 이 사람들 때문에 나도 이렇게 살다가 죽겠구나 하는 마음도 있었을 것이다. 동족이 밉기도 하고 화도 났을 것이다. 동시에 앞으로 맞이하게 될 국가적인 비참한 운명을 생각하니 더욱 슬프고 절망스러웠을 것이다.

키에르케고르는 우울한 기질을 가지고 있던 아버지의 영향을 받으며 자라서 자기도 우울과 싸우며 살아왔다고 고백했다. 그러나 자신이 우울증에 시달린 건 맞지만 정신적으로는 건강한 편이라고 스스로 판단했다. 왜냐하면 키에르케고르는 우울이 반드시 절망을 뜻하는 건 아니고 절망이 꼭 우울을 뜻하지는 않는다고 봤기 때문이다.

키에르케고르는 영적인 의미에서 절망은 어떤 특정한 감정과는 관계가 없다고 주장하면서, 오히려 절망은 '자아의 질병'이라고 주장했다. 인간이라는 존재는 무한한 것과 유한한 것, 일시적인 것과 영원한 것, 자유와 필연의 결합체라고 말하면서 이 각각의 둘 사이에 불균형이 생길 때 절망이 발생한다고 본 것이다.

키에르케고르는 절망의 주된 증상은 의식적으로나 무의식

　　　　　　　　　　　　　춤추는 고래는 행복하다

적으로 자아를 제거하려는 욕망이라고 말한다. 쉽게 말하면 자기가 혼신의 힘을 다해서 다른 사람이 되려고 하는 욕망을 가지고 있다는 것이다.

예를 들면 이런 거다. 어떤 국가 시험, 행정 고시 같은 걸 준비하는 청년이 있다. 나름대로 열심히 공부했는데 시험에 떨어졌다. 그러면 이 사람은 어떻게 되는가? 시험에 떨어진 그 사건 자체 때문에 절망한다. 그런데 이 절망은 그리 오래 가지 않고, 그다음에 '진짜 절망'이 찾아온다. 그것은 바로 '자기 자신에 대한 절망감'이다. '나는 왜 이것 밖에 못하지? 왜 나는 남들 다 하는 걸 못하지?' 하면서 스스로를 질책하면서 절망한다는 말이다.

그러니까 많은 경우 우리의 절망은 미래 자신에 대한 몽환적인 야망을 거룩한 비전으로 포장해서 끊임없이 이루려고 애쓰는 데서 오는 것이다. 예를 들면 청년들은 삼십 대에 백만장자가 되려고, 혹은 파이어족[2]이 되려고 주식에 전 재산을 쏟아붓는다. 유명 유튜버, 혹은 아이돌이 되어서 화려한 인기와 부를 누리며 사는 삶을 꿈꾼다. 이러한 청소년에게 '오늘'이라고

---

2 파이어(FIRE)족 : 경제적 자립(Financial Independence)과 조기은퇴(Retire Early)를 추구하는 사람들.

하는 시간은 어떤 의미일까? 단지 화려한 미래의 순간을 위한 징검돌로써만 의미가 있는 것이다.

나는 죄인일 뿐이다

비전으로 포장된 야망의 치명적인 약점은 무엇인가? 그 비전이 야무지면 야무질수록 이루어지지 않을 때 밀려오는 절망감과 우울함을 달랠 길이 별로 없다는 사실이다. 설사 그런 비전을 이루었다 하더라도 다른 의미에서는 절망한 것과 똑같은 상태나 다름없다고 키에르케고르는 말한다. 그러면서 키에르케고르는《죽음에 이르는 병》이라는 책에서 세 종류의 자아에 대해서 이야기한다.

첫째는 구체적인 자아, 둘째는 이상적인 자아, 셋째는 진정한 자아이다. 구체적인 자아와 이상적인 자아라는 건 예를 들면 이런 거다. 어느 대학교 4학년 학생이 의사가 되겠다는 포부를 가지고 성적을 관리하고 자격증 시험을 준비한다. 구체적인 자아는 의사를 꿈꾸는 대학생 4학년생이다. 이상적인 자아는 의사다.

문제는 세 번째 진정한 자아다. 키에르케고르의 표현을 빌리면 우리한테서 가장 등한시되지만 가장 중요한 자아가 바로

춤추는 고래는 행복하다

이 세 번째 자아다. 이건 우리의 상황이나 성취와는 아무런 관계가 없는 것으로, '하나님 안에서 진실한 평안을 얻는 자아'를 말한다. 이 자아는 신앙심에 기반을 둔 자아이기 때문에 일련의 독특한 감정과 행동이 생겨난다. 경건의 탈로 위장해 야단법석을 떨다가 실망한 사람들한테 이 세 번째 자아는 도덕적 이상뿐일 수도 있다.

그러나 이 세 번째 자아를 이야기할 때 중요한 것은 우리가 지극히 연약한 존재이고 하나님에게 전적으로 의존해야만 하는 존재라는 사실을 깨닫는 것이다. 이것은 자기를 부인하고 자기 십자가를 지고 나를 따르라고 하셨던 예수님의 핵심 메시지와도 일맥상통한다. 내가 내 삶을 완전히 통제하려는 욕심을 버려야 한다는 것이다.

대부분의 사람은 이 진실을 순순히 받아들이지 않는다. 사람들은 여전히 자기 부인이 아니라 자기 계발에만 열을 올리고 있는 실정이 아닌가? 키에르케고르는 자기에게 있는 우울증이라고 하는 '육체의 가시'를 없애 달라는 기도를 한 번도 하지 않았다고 한다. 오히려 그것을 축복으로 여겼다고 고백한다. 왜냐하면 그는 자기가 하나님 앞에서 항상 잘못된 존재이고 죄인이라고 생각했는데, 우울이 그 일을 도왔기 때문이라고 말한다. 그러면서 그는 "우리에게는 구원받았다는 믿음보다 우리가 죄인이라는 깨달음이 더 절실히 필요하다"고 주장한다.

하나님 주권을 인정할 때 참 평안이 있다

바룩이 예레미야가 맡긴 미션에 실패했다. 그가 진정한 자아를 잃어버리고 우울감과 절망감 속에 헤매이며 스스로에게 독백처럼 했던 말이 있다.

'주님께서 나의 고통에 슬픔을 더하셨으니, 나는 이제 꼼짝없이 죽게 되었구나. 나는 탄식으로 기진하였고, 마음 평안할 일이 없다' 렘 45:3

그런데 예레미야는 바룩의 이 조용히 내뱉은 말을 하나님이 들으셨고 기억하고 계셨다고 말한다. 그러면서 예레미야는 바룩에게 하나님의 말씀을 계속해서 전한다.

"너의 아픔과 슬픔을 나도 안다. 나도 아프고 슬프다. 나도 세우기도 하지만 헐기도 하고 심기도 하지만 뽑기도 해야 한다. 온 세상을 다스리는 것은 아프고 슬픈 일이다. 그래도 지금의 이런 상황에서 네가 큰일을 꿈꾸느냐? 큰 비전을 원하느냐? 그만두어라. 이미 나는 내 마음을 정했다. 하지만 내가 재앙을 내릴 때 너한테는 생명을 노략물로 주겠다. 너에게 주는 생명은 마치 전쟁에서 승리하고 빼앗은 전리품을 모든 사람에게 보여 주는 것처럼 사람들에게 구원과 승리의 상징이 될 것이다."

바룩은 자기에게 들려주시는 하나님의 말씀을 통해 무한한 것과 유한한 것, 일시적인 것과 영원한 것, 자유와 필연, 하늘과 땅의 균형을 비로소 되찾고, 구체적인 자아나 이상적인 자아가 아니라 진정한 자아로 돌아가 하나님 안에서 평안을 되찾게 되었다. 그리고 이 일이 있고 나서 바로 그다음 해에 다시 용기 내어 왕과 고관들 앞에서 다시 두루마리를 들고 선다. 하나님의 말씀을 선포하는 바룩의 회복된 모습을 발견한다(렘 36:9 이하).

갑자기 우리 삶에 찾아온 불청객 코로나 바이러스로 인해 많은 사람이 더 정신적인 고통과 경제적인 어려움으로 신음했다. 그래서 우울해지기도 하고 절망스럽기도 했다. 우리가 원하는 이상적인 자아나 세상과 우리가 직면한 현실의 괴리가 너무나 커서 좌절하고 절망하기도 한다. 우리에게 절대적으로 필요한 것은 세상이 주는 것과 같지 않은 참 평안을 주시겠다고 약속하신 그리스도의 복음이다.

점점 더 정신적인 아픔을 호소하는 분들이 늘어 가고 있다. 이런 시대에 필요한 치료약은 물리적인 약도 있겠지만, 그것을 넘어 궁극적인 치료약 되신 예수 그리스도다. 이런 맥락에서 이 시대의 선지자적인 삶으로 부름받은 우리에게 중요한 것은 더 큰 일을 찾는 것이 아니다. 우리가 할 일은 사람들이 그리스도 안에서 진정한 자아를 되찾을 수 있도록 돕는 것이다.

모든 자연이 자기 자리를 지키며 살아가듯이 우리도 우리 자리로 돌아가 안정을 찾아야 할 것이다. 그 자리는 바로 예수 그리스도를 믿는 믿음의 자리다. 그분은 우리의 슬픔과 우울과 절망과 고통을 함께 겪으시고 십자가에서 비참하고 억울한 죽음을 당하셨으나, 후에 부활하여 모든 세상 사람이 지켜보는 가운데 구원과 생명과 승리의 전리품을 우리에게 주셨다.

나의 죄인 됨을 인정하자. 세우기도 하시고 헐기도 하시며 심기도 하시고 뽑기도 하시는 주님의 주권을 인정하자. 주님은 공의와 사랑으로 나와 우리 가정과 이 세상을 다스리고 계신다. 그리스도 안에서 우리에게 주시는 참된 평안 가운데 진정한 자아로 살아가자.

오늘의
기도

주님, 오늘 하루도
절망감의 늪에 빠져 있지 않고
나를 다시 일으켜 세우시는
주님의 손을 붙들기 원합니다.
주님 안에서 진정한 나를 발견하고 희망을 품고
살아가는 하루가 되기를 소망합니다.

Day 11

버거운 짐을 잠시 내려놓고 쉬기

"수고하며 무거운 짐을 진 사람은 모두 내게로 오너라. 내가 너희를 쉬게 하겠다. 나는 마음이 온유하고 겸손하니, 내 멍에를 메고 나한테 배워라. 그리하면 너희는 마음에 쉼을 얻을 것이다. 내 멍에는 편하고, 내 짐은 가볍다." (마 11:28-30)

한병철 교수는 한국 사회를 가리켜 "피로사회"라고 진단했다. 그는 《피로사회》라고 하는 자신의 책에서 세계화와 경제적 자유주의가 긍정성 과잉과 성과주의를 부추기고, 그것이 현대인을 자기 징벌을 주요 증상으로 하는 우울증에 빠뜨린다고 주장한다. 간단히 말해 그는 현대인들이 치쳐 있거나 지쳐 가고 있다는 대사회적 진단을 내린 것이다.

성과를 부추기는 뉴욕 한복판에서 멘탈이 무너지는 청년들을 많이 만났다. 끊임없이 자신을 채찍질하며 앞만 보고 달려갔기 때문이다. 이들은 외로움과 우울감이 들지만, 그걸 들여다볼 새도 없이 직장생활과 공부에 지쳐 갔다. 우리도 그렇

춤추는 고래는 행복하다

지 않은가? 세상이 내 마음을 헤아려 주지 않는 것 같은 때가 있다. 심지어 하나님도 내 삶에 직접적으로 개입하지 않으신 것 같아 마음이 힘들 때도 있다.

이런 오늘날의 한국 사회의 삶의 컨텍스트와 이천 년 전 갈릴리를 비롯한 유대 지역의 삶의 컨텍스트가 크게 달라 보이지 않는다. 이천 년 전이라는 시간적인 큰 간격과 중동이라고 하는 공간적인 큰 간극에도 불구하고 말이다. 지금 우리 사회와 이천 년 전 유대 사회와 닮은 꼴이 있다. 바로 백성들이 지쳐 있다는 점이다.

주님은 샬롬을 위해 이 땅에 오셨다

지친 사람들에게는 두가지 마음이 찾아오기 마련이다. 삶에 대한 절망과 체념, 그리고 자신과 다른 사람에 대한 분노다. 예수님의 비유 마지막에 자주 등장하는 "바깥 어두운 데 내어 쫓기어 슬피 울며(절망과 체념) 이를 가는(분노) 사람들"은 지친 삶에 대해 이런 두 가지 잘못된 반응을 보인다.

예나 지금이나 삶이 힘들다는 건 두말하면 잔소리다. 삶은 쉬지 않고 우리를 지치게 한다. 이런 세상에 하나님의 아들이신 예수님이 성육신하여 이 땅에 임마누엘하셔서 평화의 왕으로 오셨다. 이 땅의 지친 수많은 영혼들에게 참 생명과 안식이라는 선물을 주시기 위해, 영혼 구원을 통한 삶의 총체적인 구원과 하나님 나라의 샬롬을 주시기 위해 이 땅에 오셨다.

그래서 예수님은 유대 땅에서 하루하루 힙겹게 살아가는 백성들에게 삶의 본질과 목적을 말씀해 주셨다. 절망과 체념과 분노 속에서 하루하루를 견디는 유대 백성들에게 천국 복음을 전파하셨다. 마태복음에 나오는 예수님의 첫 설교는 "여덟 가지 복이 있는 사람들"(마 5장)이다.

마태는 이때 천국 복음을 처음 들었다. 예수님의 설교는 우리 각자의 삶의 현장을 무시하거나 동떨어진 메시지가 아니었다. 그들의 삶의 실존과 필요를 꿰뚫어 보고 하신 맞춤 설교였다. 예수님은 삶에 지쳐 슬퍼하고 분노하는 이들에게는 희망과 회개의 복음의 메시지를 분명하게 선포하셨다. 이러한 모습은 구약의 선지자들의 사역과 연결선상에서 선지사역을 완성하시는 모습이다.

동심이 곧 천심이다

예수님은 선지자로서의 사역뿐만 아니라 왕으로서의 사역도 하셨다. 많은 기적을 보여 주신 것은 당신이 하나님의 아들

춤추는 고래는 행복하다

로서 이 땅의 통치자이심을 보여 주신 표적이다.[3] 예수님이 이런 기적을 통해 당신의 권능을 가장 많이 보여 주신 세 마을, 고라신, 벳세다, 가버나움에 대해서 회개를 촉구하며 수위 높은 책망의 메시지를 선포하셨다. 이 마을들이 구약의 선지자들로부터 책망받은 두로, 시돈, 소돔보다도 더 완악한 마을이라고 책망하신 것이다. 그러나 주님의 크신 권능을 보고도 그들은 그분을 하나님의 아들로, 메시아로 인정하지 않고 회개치 않았다. 회개하지 않고 믿지 않는 세대를 가리켜 예수님은 비유를 들어 이렇게 말씀하신다.

> "이 세대를 무엇에 비길까? 마치 아이들이 장터에 앉아서, 다른 아이들에게 이렇게 말하는 것과 같다. '우리가 너희에게 피리를 불어도 너희는 춤을 추지 않았고, 우리가 곡을 해도, 너희는 울지 않았다.' 마 11:16-17

많은 표적과 권능을 본 사람이 회개에 이르거나 마음의 평화를 되찾는 건 아니다. 표적이 회개의 충분조건이 아니라면

---

3 요한복음에서 요한은 기적 대신 표적이라는 표현을 사용했다. 헬라어로는 '세메이온'(σημεῖον)이며 영어로는 'sign'으로 번역된다.

도대체 무엇이란 말인가?

그것은 예수님의 기도 속에서 발견해 볼 수 있다. 예수님은 어린아이 같은 믿음을 가진 사람들에게 천국 복음이 계시되고 스스로 지혜롭고 슬기 있는 사람들에게는 숨겨지는 것을 감사하는 기도를 드린다(마 11:25). 어린아이 같은 마음을 소유한 사람이 천국 복음을 믿을 수 있다는 것이다. 결국 예수님이 말씀하시는 회개의 충분조건은 '표적'이 아니라 '동심'이다.

마태는 이 사실을 18장에서 다시 한번 강조한다.

> 그때에 제자들이 예수께 다가와서 물었다. "하늘 나라에서는 누가 가장 큰 사람입니까?" 예수께서 어린이 하나를 곁으로 불러서, 그들 가운데 세우시고 말씀하셨다. "내가 진정으로 너희에게 말한다. 너희가 돌이켜서 어린이들과 같이 되지 않으면, 절대로 하늘 나라에 들어가지 못할 것이다. 그러므로 누구든지 이 어린이와 같이 자기를 낮추는 사람이 하늘 나라에서는 가장 큰 사람이다. 마 18:1-4

참 쉼의 삶으로 초대하신다

현대인들이 슬픔과 분노 속에서 지쳐 가는 이유는 동심을 잃어버렸기 때문이다. 동심 없이는 천국을 경험할 수 없다. 동심의 핵심은 무엇인가? 자신의 부족함과 잘못을 쉽게 인정하는 부드러운 마음이다. 따라서 회개는 자신의 부족함과 잘못을 인정하는 것이다. 우리 모두가 잃어버린 동심을 회복하길 바란다. 예수님은 우리의 동심을 회복시켜 주길 원하신다. 예수님과의 관계를 통해 그 동심은 회복될 수 있다.

예수님은 우리에게 동심을 가지고 나아오라고 하신다. 예수님 스스로를 온유하고 겸손하다고 말씀하신다. 자기에게로 와서 어린아이 같은 마음을 배우라고 초대하신다. 그 마음을 배우면 수고와 슬픔뿐인 이 세상에서도 참 쉼을 누릴 수 있다고 말씀하신다. 인생의 무게에 짓눌려 율법과 수고와 슬픔과 분노의 무거운 짐을 지고 살아가는 대신, 쉬운 복음의 멍에와 가벼운 짐을 지고 살자.

예나 지금이나 쉼으로 초대하시는 주님의 복음은 '큰 기쁨의 좋은 소식'이다. 이 쉼은 휴식이 아닌 안식이다. 인생의 구세주이신 예수 그리스도와의 인격적인 교제를 통한 전인격적인 안식이다. 이 안식을 통해 우리 삶은 힘과 에너지를 재충전받게 된다. 이사야 선지자가 선포한 것처럼, 피곤한 자에게 능력을 주시며 무능한 자에게 힘을 더하시는 여호와는 그분을 앙망하는 자에게 새힘을 주신다(사 40:29, 31).

《피로사회》에서 한병철 교수는 우울증, 과잉행동장애, 경계성 성격장애, 소진증후군 같은 신경증으로 만연한 오늘날의 성과사회의 해결책을 한마디로 이렇게 요약한다.

"~해야 한다"라는 활동 과잉과 긍정성을 내려놓고 자신을 무장해제하라.

마태복음 11장 28-30절에 나오는 예수님의 메시지와 일맥상통하는 듯하다. 예수님은 우리에게 자신을 내려놓고, 또 어깨에 짊어진 무거운 인생의 짐을 당신 발 앞에 내려놓으라고 요청하신다. 그리고 당신에게로 오라고 초청하신다. 그러면 우리는 쉬운 멍에와 가벼운 짐을 메고 살 수 있다고 말씀하신다. 가벼워서 가벼운 것이 아니라 예수님이 함께 지며 우리 인생을 인도해 주시겠다는 약속의 말씀이다. 오늘 바쁘게 살아가느라 지친 우리가 온유하고 겸손한 예수님의 동심을 회복하고 참 안식과 평화의 삶을 살아가는 복된 인생이 되길 소망한다.

춤추는 고래는 행복하다

오늘의
기도

주님, 수고와 슬픔 많은 인생살이 동안에도
동심을 잃지 않기를 원합니다.
나를 쉼과 안식으로 초대하시는
주님과 동행하기 원합니다.
예수님과 함께라면 그 어디나 하늘나라임을 경험하는
행복한 오늘 하루가 되도록 축복해 주옵소서.

Day 12

세상이 두려울 때 주님을 바라보기

주님을 경외하는 것이 지식의 근본이어늘, 어리석은 사람은
지혜와 훈계를 멸시한다. (잠 1:7)
사랑에는 두려움이 없습니다. 완전한 사랑은 두려움을 내쫓습니다.… (요일 4:18a)

미국 옐로스톤 국립공원에는 70년 동안 늑대 무리가 사라
졌다. 그리고 이것이 다른 동물들의 행동을 완전히 바꾸어 놓
았다. 옐로스톤 생태계에서 두려움이 사라진 것이다. 대부분
동물에게 생존이란 먹는 것과 먹히는 것 사이에서 균형을 유
지한다는 걸 뜻한다. 동물들이 계속 생존하는 데 중요한 역할
을 하는 것 중에 하나가 바로 두려움이다. 그래서 늑대처럼 먹
이 사슬의 상위 포식자가 사라지면, 균형이 한쪽으로 기울어
져서 생태계가 뒤집히게 된다.

옐로스톤 국립공원에 늑대가 사라지자, 엘크는 잡아먹힐
두려움 없이 먹이 생활을 할 수 있었다. 하루 종일 한 곳에서

춤추는 고래는 행복하다

풀을 뜯을 수 있었다. 더 많은 새끼가 살아남았고, 똑같이 두려움 없이 풀을 뜯을 수 있었다. 결국, 엘크의 수가 공원의 수용 능력을 넘어서고 말았다. 엘크들이 나무와 다른 식물들이 자라는 속도보다 더 빠르게 식물들을 먹어 치워 버린 것이다. 70년 후, 그들은 공원의 어린 나무까지 다 먹어 치웠다. 그러자 공원 풍경이 변했고, 다른 동물들은 그에 따라 습성을 바꿀 수밖에 없었다. 이렇게 생태계가 변하기 시작했다.

하지만 1995년, 모든 것이 다시 바뀌었다. 당국은 공원에 다시 늑대를 들여왔다. 그에 따라 엘크들은 행동을 바꿔야 했다. 그들은 하루 종일 한 곳에서 먹을 수 없게 되었음을 금세 알아차리게 되었다. 더 자주 움직여서 장소를 바꿔야 했다. 포식자들을 더 경계해야 했다. 그러면서 그들은 덜 먹었고, 공원에서 더 위험한 지역을 피해 다녔다. 1995년과 1996년 공원에 늑대를 다시 들여올 당시에는 엘크의 개체 수가 많았다. 그 엘크들은 늑대가 개체 수를 빠르게 불릴 수 있도록 풍부한 먹잇감이 되어 주었다. 늑대의 개체 수가 증가할수록, 엘크 개체 수는 감소했다.

이후 옐로스톤 국립공원은 사시나무, 미루나무 및 버드나무 등 강둑의 식물들이 회복되었다. 엘크가 늑대를 두려워하게 되자 나무와 다른 식물들이 자랄 수 있는 기회를 얻게 된 것이다. 이는 식물의 다양화로 이어졌고, 다른 동물들이 더 많이 공원을 찾아오게 되었다. 조류 다양성 증가 같은 연쇄 반응도 일어났다. 결국, 두려움이 공원을 다양하게 균형 잡힌 생태계로 되돌려 놓았다.

두려움이 아름다운 생태계를 만든다

이 이야기를 통해 두려움이라는 감정을 다시 생각해 본다. 우리는 두려움을 항상 부정적인 것으로만 여겼다. 하지만 때때로 두려움은 우리 삶에 큰 유익이 된다. 코로나 팬데믹이 시작되었을 때, 바이러스에 감염되기를 두려워한 사람들이 마스크를 착용하고 사회적 거리를 유지했다. 또한 과학자들의 헌신적인 연구 결과로 백신이 보급되어 수많은 사람의 생명을 보호할 수 있었다.

겁 없는 사람이 용기 있는 사람이라는 칭찬을 듣지만, 용기란 사실상 겁이 없는 상태가 아니라, 두려움을 안고 있지만 올바른 선택을 내리고 행동하는 것이다. 겁 없는 사람은 오히려 무모해서 사고 칠 확률이 더 높다. 겁 없는 아이는 뜨거운 주전자를 만지다가 화상을 입을 수도 있고, 높은 곳에서 뛰어내려 몸을 상하게 할 수도 있다.

성경은 우리에게 하나님을 향한 두려움을 강조한다. 하나님에 대한 우리의 두려움은 삶에서 긍정적으로 작동하기 때문이다. 잠언서는 심지어 "여호와를 두려워하는 것이 지식의 첫걸음이건만"(잠 1:7, 현대인의 성경)이라고 주장한다. 고대 최고의 현자인 전도자도 인생의 진리에 대해서 다양하게 말한 다음 이렇게 자신의 글을 마무리한다.

> "할 말은 다 하였다. 결론은 이것이다. "하나님을 두려워하여라. 그분이 주신 계명을 지켜라. 이것이 바로 사람이 해야 할 의무다." 전 12:13

인간이 하나님을 두려워할 줄 아는 세상이야말로 하나님이 원하신 모습이다. 하나님을 왕으로, 창조주로 두려워할 줄 아는 세상만이 이 땅에 아름다운 자연 생태계를 만들 수 있다.

십자가 사랑이 부정적 두려움을 내쫓는다

인간의 하나님을 향한 두려움은 공포 자체가 아니라 긍정적인 감정이다. 창조주 하나님에 대한 경외요 경건하면서도 건강한 두려움이다. 하지만, 인간의 죄와 반역으로 인해 창조

생태계의 균형과 질서가 깨어지고 말았다. 선악과를 따 먹은 아담은 하나님의 징벌을 두려워했다. 이 두려움은 곧 무서움이었다. 무서움으로서의 두려움은 부정적인 두려움이다. 죄와 관련이 있고 징벌과 관계가 있다. 아담은 하나님의 사랑을 온전히 누리지 못하고 무서움으로서의 두려움에 빠지고 말았다.

하지만, 아담으로 인해 죄와 두려움에 빠진 온 인류를 구원해 주시기 위해 예수님이 오셨다. 에덴 동산 바깥에서 살아가는 나를 다시금 에덴 동산 안으로 인도하셨다. 이로써 우리는 하나님 아버지의 사랑을 다시 누리는 하나님의 자녀가 되는 은혜를 입었다. 예수님이 십자가에서 자신을 내어 주신 그 사랑이 내 안에 있는 모든 부정적인 의미로서의 두려움을 내쫓는다(요일 4:18). 대신에 십자가 그 사랑이 나를 강권하신다(고후 5:14).

성도의 삶은 부정적인 두려움에 끌려다니는 삶이 아니다. 온갖 종류의 부정적인 두려움들을 십자가와 부활로 이기신 그리스도의 사랑에 이끌려 사는 삶이다. 내가 다시 무언가를 부정적으로 두려워하면 나는 그때부터 그것의 종이 되어 자유를 잃어버린다.

이 세상의 영은 그리스도의 적대자의 영이기 때문에 나에게 자유를 주지 않고 부정적인 두려움을 준다. 나를 새장 안에 가두어 날지 못하게 만들어 버리려 한다. 하지만, 그리스도의

춤추는 고래는 행복하다

영은 나에게 참 자유를 준다. 내가 자유롭게 하나님을 두려워하며 예배하고 순종하도록 이끄신다. 그 사랑은 부정적인 두려움을 내 안에서 내쫓고 긍정적인 두려움이 회복되게 하며, 내 삶의 생태계를 점점 더 변화시켜 나간다.

오늘의
기도

주님, 오늘 하루 부정적인 두려움에 사로잡히지 않고
주님을 향한 경건한 두려움을 회복하기 원합니다.
그리스도의 사랑 안에서
내 삶의 생태계가 아름답게 변화하도록
축복해 주옵소서.

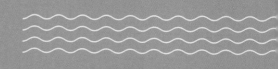

Day 13

나를 뽐내는 삶에서 돌아서기

주님, 이제 내가 교만한 마음을 버렸습니다. 오만한 길에서 돌아섰습니다. 너무 큰 것을 가지려고 나서지 않으며, 분에 넘치는 놀라운 일을 이루려고도 하지 않습니다. 오히려, 내 마음은 고요하고 평온합니다. 젖뗀 아이가 어머니 품에 안겨 있듯이, 내 영혼도 젖뗀 아이와 같습니다. 이스라엘아, 이제부터 영원히 오직 주님만을 의지하여라. (시 131:1-3)

우리가 인생을 아름답게 살아가지 못하게 되는 결정적인 이유가 '4만' 때문 아닐까? '교만' '자만' '오만' '거만'. 이 네 가지는 마치 형제 같아서 같이 다니는 경우가 많다. 하지만 자세히 보면 약간씩 차이가 있다.

이탈리아의 천재 음악가로 불리는 토스카니니(Young Toscanini)는 '자만'을 자신을 뽐내는 것, '오만'을 남의 말을 듣지 않는 것으로 '교만'을 남들이 눈에 보이지 않는 것이라고 정의한다. 나쁨의 강도로 보자면 자만이 막내이고 그 형이 교만, 그 윗 형이 거만, 첫째 형이 오만인 것 같다. 4만 중 막내 자만은 자기 분야에 자신감이 붙고 익숙해지면서 찾아오는 불청객이다. 그

춤추는 고래는 행복하다

는 자기 자신을 너무 과신한다. 셋째 형 교만은 원래 자신의 높음을 자랑하고 뽐내는 것을 뜻하지만 겉으로는 드러나지 않게 마음이 높아진 상태일 수 있다.

둘째 형 거만은 자신이 다른 사람들보다 더 낫고 똑똑하고 잘한다고 생각하고 다른 사람들을 업신여기고 자신을 남한테 드러내기 위해서 거들먹거린다. 첫째 형 오만은 '오만불손'이라는 말처럼 겸손이라고는 아예 없는 높아짐의 극치이고 거의 불치병에 가까운 상태를 보인다. 그는 안하무인이라 그 누구의 말도 듣지 않는다. 시편 1편은 복 있는 사람은 악인의 꾀를 쫓지 않고 죄인의 길에 서지 않고 오만한 사람의 자리에 앉지 않는다고 말한다. 복 없는 사람, 악인의 최종 자리는 오만이라는 것이다.

교만은 패망이다

역대하 26장 전체는 남 유다의 왕 웃시야의 이야기를 기록하고 있다. 웃시야는 열여섯 살 어린 나이에 왕이 되었고, 52년 긴 세월 동안 나라를 통치했다. 웃시야는 어리고 젊을 때 주님의 뜻을 찾는 겸손한 왕으로서 승리와 형통함을 누렸다.

하지만 그는 힘이 점점 세지면서 교만하게 되어 악한 일을 저지르고 말았다. 주님의 성전 안에 있는 분향단에 직접 분향하려고 했다. 이것은 하나님 앞에 죄를 짓는 일이다. 이 일은 오직 제사장만 할 수 있도록 구별된 성스러운 직무였기 때문이다. 아사랴 대제사장이 웃시야 왕을 말렸다.

"웃시야 임금님께서는 들으십시오. 주님께 분향하는 일은 왕이 할 일이 아닙니다. 분향하는 일은, 이 직무를 수행하도록 거룩하게 구별된 제사장들, 곧 아론의 혈통을 이어받은 제사장들만이 할 수 있는 일입니다. 이 거룩한 곳에서 어서 물러나시기 바랍니다. 왕이 범죄하였으니 주 하나님께 높임을 받지 못할 것입니다." 대하 26:18

웃시야는 성전 안 분향단 옆에 서서 향로를 들고 막 분향하려다가 이 말을 듣고 화를 냈다. 그리고 그가 제사장들에게 화를 낼 때에 그의 이마에 나병이 생겼다. 아사랴 대제사장과 다른 제사장들이 그를 살펴보고 그의 이마에 나병이 생긴 것을 확인하고, 그를 곧 그곳에서 쫓아냈다. 주님께서 웃시야를 재앙으로 치신 것이다.

그는 죽는 날까지 나병을 앓았다. 당시 나병 환자에게는 주님의 성전을 출입하는 것도 허용되지 않았다. 그는 별궁에 격

춤추는 고래는 행복하다

리되어 여생을 보내야만 했다. 그는 심지어 죽어서도 조상들의 왕실 묘지가 아니라 왕가가 속한 변두리 땅에 장사되는 불명예를 얻었다.

패망은 한순간에 오지 않는다

'성공 신드롬'이라고 하는 병이 있다. 소위 모든 걸 다 이루고 성공한 사람들이 걸리는 병이다. 하버드 메디컬 스쿨에서도 가르쳤던 스티븐 버글라스(Steven Berglas) 박사는 그의 책 *The Success Syndrome*(성공 신드롬)에서 성공 신드롬의 네 가지 증상을 이야기한다. 이 네가지 증상을 '4A'로 설명할 수 있는데, 첫째는 '오만(Arrogance)', 둘째는 '지독한 외로움(Aloneness)', 셋째는 '파괴적인 모험 추구(Adventure-Seeking)', 넷째는 '간음(Adultery)'이다. 웃시야는 이 성공 신드롬 중에 '오만'과 '파괴적인 모험 추구' 증상이 있었던 것 같다.

사실 다윗도 성공 신드롬에 빠진 사람 중에 대표적인 사람이다. 그는 인생의 최전성기를 구가하던 중년의 나이에 밧세바를 간음하고 우리야를 죽음으로 내모는 살인미수를 범하고 말았다. 이런 행동은 오만, 간음, 파괴적인 모험 추구라고 하는 성공 신드롬의 증상과 같다. 결국 다윗도 웃시야처럼 왕으로

서 최전성기를 구가하던 때에 교만과 오만으로 인생의 비참함과 수치를 겪는 사람이 되고 말았다.

그런데 이들이 과연 무너진 것이 한순간의 일이었을까? 그렇지 않다고 생각한다. "오징어 게임"이라는 드라마로 세계에 이름을 알린 배우 이정재 씨는 한 시상식에서 수상 소감으로 이런 말을 남겼다.

"인생에 '한방'이란 것은 없습니다. 작은 부분이 켜켜이 쌓여 큰 운도 따르고 기회도 온다고 생각합니다. … 어떤 분들은 제가 운이 좋았다고 말씀하시는데요, 제 연기 인생에 그런 운이 몇 번씩 온 것이 사실이지만 후배들이나 동료들에겐 그렇게 얘기하지 못합니다. 흔한 말로 인생에 그런 한방은 없습니다."

크게 성공한 사람들의 성공담을 들어 보면 공통점을 발견한다. 긴 무명의 시절, 지난한 시절이 있다는 사실이다. 맞다. 인생에 한방이란 것은 없다. 그런데 이 말은 성공뿐 아니라 실패에도 적용해 볼 수 있다. 한방의 성공이 없는 것처럼, 한순간의 무너짐도 없다는 말이다. 한순간의 무너짐처럼 보여도 사실 그렇지 않다.

내가 아는 한 분이 40대에 심장마비가 와서 쓰러진 경험을 이야기해 주었다. 그 전부터 전조현상이 있었는데, 그걸 제대로 감지하지 못했다고 한다. 모든 큰일 앞에는 소위 말하는 전조현상이란 게 있다. 우리 속담이나 고사성어에도 보면 "바늘 도둑 소 도둑 된다" "티끌 모아 태산" "이슬이 모여 바다를 이룬다" 등 일맥상통하는 말들이 많다. 큰일은 한 방에 이루어지지 않는다는 말이다.

4만을 버리고 하나님 품에 고요히 안기자

잠언 16장 18절은 이렇게 말씀한다. "교만에는 멸망이 따르고, 거만에는 파멸이 따른다." 하나님의 뜻을 무시하고 스스로를 높이는 '4만' 인생의 결말은 언제나 불행이다.

다윗은 인생의 산전수전을 다 겪은 뒤 자신의 시(시 113편)에서 오랜 세월이 지나 교만한 마음을 버렸고 오만한 길에서 돌아섰다고 고백한다. 너무 큰 비전이나 자기 능력 밖의 일들을 추구하지 않게 되었다고 말한다. 인생의 연륜이 느껴지는 고백이다. 잘 익은 벼가 고개를 숙이듯 겸손해진 다윗은 이렇게 고백한다.

"나는 이제 엄마 젖을 빨지 않으면 불안해하던 아이가 젖을 떼고서 엄마 품에 고요히 안겨 있는 것 같습니다."

다윗은 자신의 권력을 휘두르던 젊은 날의 세월을 떠나 보내고 드디어 주님 안에서만 누릴 수 있는 평온함을 되찾았다.

춤추는 고래는 행복하다

주님만을 의지할 때 받은 선물이다. 어거스틴이 '고백록'에서 말하듯이 인간의 진정한 쉼은 하나님 안에서만 가능하다. 오늘도 '4만'을 버리고 어린아이처럼 크신 주님의 품에 안기는 하루가 되면 좋겠다.

오늘의
기도

주님, 나 자신을 믿는 믿음에 근거한
'4만'(교만, 자만, 오만, 거만)을 버리고 주님을 의지함으로
참된 평안을 누리는 하루가 되기를 원합니다.

Day 14
탐욕의 시대에서 자족을 배우기

내가 궁핍해서 이렇게 말하는 것이 아닙니다. 나는 어떤 처지에서도 스스로 만족하는 법을 배웠습니다. 나는 비천하게 살 줄도 알고, 풍족하게 살 줄도 압니다. 배부르거나, 굶주리거나, 풍족하거나, 궁핍하거나, 그 어떤 경우에도 적응할 수 있는 비결을 배웠습니다. 나에게 능력을 주시는 분 안에서, 나는 모든 것을 할 수 있습니다. (빌 4:11-13)

인간 문명의 발달, 특히 산업화 이후 기계문명과 과학문명의 발전은 점점 더 공동체를 무너뜨리는 부작용을 낳고 있다. 산업화 이후 도시로 몰려든 현대 도시인들은 시골에서 누릴 수 있는 여유로운 삶을 잃어버렸다. '바쁨'은 '성공'의 표지가 되어 자랑거리가 된 지 오래다. 열심히 사느라 무엇을 위해 사는지 잊어버렸으면서도 말이다.

많은 사람은 행복해지려고 열심히 산다고 말한다. 역설적이게도 열심히 사는데 별로 행복하지 않다. 행복은 목표가 아니라 과정인데 우리는 자주 착각한다. 돈을 많이 벌면 행복할 거야, 성공하면 행복할 거야, 결혼하면 행복할 거야 등 행복에

춤추는 고래는 행복하다

조건을 단다. 행복은 목표를 이뤘을 때 찾아오는 성취감 이상임을 자주 잊어 버린다. 진정한 행복은 내 존재와 삶 그 자체를 받아들이는 데 있다. 자족하는 마음이 있으면 내가 살아가는 과정에서 행복을 충분히 잘 누릴 수 있는데 말이다. 가령, 자녀가 좋은 학교에 입학하면 부모로서 행복해지는 게 아니라 자녀랑 오늘 같이 신나게 놀고 같이 맛있는 밥 한 끼 먹을 때 행복해진다.

영화 "소울(Soul)"에 보면 "물고기는 이미 바닷물 속에 있으면서도 바다로 나아가고 싶은 꿈을 꾸고 살았지"라는 대사가 나온다. 우리는 내가 이미 누리고 있는 행복을 모른 채 행복이라는 신기루를 좇으며 살아가는 것 같다. 치열한 경쟁과 과도한 탐욕이 지금 내가 누리고 있는 행복에 대해서 눈을 멀게 만들고 있는 것이다. 요즘 같은 탐욕의 시대에는 자족이 말처럼 쉽지 않은 건 사실이다. 그래서 자족을 위한 두 가지 훈련이 필요하다. 시각의 훈련과 청각의 훈련이다.

자족을 위한 시각 훈련

자족을 위한 시각 훈련에는 세 가지가 있다.

첫째, 내게 없는 것이 아니라 내가 지니고 있는 것에 집중

하는 것이다. 만약 우리가 내게 없는 것을 더 지속적으로 집중해서 바라보면 자족을 잃어버린다. 탐욕의 안경을 끼면 자족의 눈이 가려진다.

에덴동산의 아담과 하와가 그랬다. 그들은 기쁨의 상징인 에덴동산에서 지상 최고의 행복을 누릴 수 있었지만 실패했다. 자족을 잃어버렸기 때문이다. 그들은 자기들이 누리던 모든 것을 보지 않고 갖지 못한 딱 한 가지, 선악과에 집중했다. 그래서 이 둘을 맞바꿔 버리는 실수를 저지르고 말았다.

사탄이 하와를 유혹했다.

"네가 저것만 가지면 더 행복해질 거야."

이 말은 새빨간 거짓말이다. 그것을 가지면 아담과 하와는 더 불행해진다. 아담은 하나님의 것을 탐냈다. 내게 없는 것이 아니라 내게 있는 것이 제일 소중한데도 우리는 자주 자족하는 마음을 잃어버리고 산다. 에덴으로 돌아가는 길은 자족의 길이다. 행복은 자족에서 시작한다. 내게 있는 것이 모두 하나님의 은혜의 선물임을 기억하라. 내게 없는 것이 아니라 내가 가진 것을 소중히 바라보는 시각의 훈련이 중요하다.

둘째, 남의 떡이 아니라 내 떡을 바라보는 것이다. 남의 떡이 더 커 보인다는 우리 속담이 있다. 인간은 참 어리석게도 내게 있는 더 나은 것보다 남의 것을 더 좋게 본다. 남의 것을 부러워한다. 내게 없는 것에 집착한다. 남의 것과 내 것을 비교하기 시작할 때 우리는 자족을 잃어버리고 만다. 이 비교는 정말 행복한 삶에 가장 치명적인 독 중 하나다.

그러니까 우리는 시선이 자꾸만 내게서 남에게로 넘어가는 것을 그냥 내버려 두지 말아야 한다. 내 시선을 자꾸만 남에게서 내게로 돌리는 시각의 훈련을 해야 한다. 가장 불행한 사람은 내 인생이 아니라 남의 인생을 사는 사람이다.

다윗은 사울의 갑옷과 창을 부러워하지 않았다. 골리앗과 자신의 체격을 비교하지 않았다. 자신이 가진 옷과 물맷돌, 그리고 하나님의 능력으로 골리앗과 승부했다. 반면에 사울은 여인들이 길거리에서 노래한 "사울은 천천이요 다윗은 만만이로다"라는 소리에 지배당했다. 그 결과 서서히 사울의 인생이 무너져 내리기 시작했다. 모든 걸 가진 왕이 자기가 가지지 못한 다윗의 인기를 시기한 것이다. 우리는 다윗처럼 사울의 갑옷과 창이 아니라 내게 맞는 옷과 물매로 인생의 승부를 낼 수 있어야 한다. 남의 손에 있는 떡이 아닌 내 손에 있는 떡을 볼 줄 아는 시각을 가져야 한다.

셋째, 상황이 아니라 주님을 바라보는 것이다. 위 두 가지 시각훈련이 탐욕과 관련된 것이라면 이것은 낙심과 관련된 것이다. 낙심은 자족의 또 다른 적이다. 우리가 인생을 살아가면서 어렵고 힘들고 낙심이 되는 상황을 맞을 때 삶에 대한 만족과 행복도가 떨어질 수 있다.

이럴 때는 상황은 어차피 변하는 거니까 변치 않는 주님을 소망 가운데 계속해서 바라보는 시각의 훈련을 해야 한다. 한마디로 말해 기도해야 한다. 상황 때문에 염려하는 대신 구할 것을 미리 감사함으로 하나님 앞에 아뢰야 한다. 그러면 하나님이 우리 마음과 생각을 지켜 주겠다고 약속해 주셨다(빌 4:6-7). 어려운 상황 가운데 상황만 바라보면 아무런 소망이 없지만 그 상황을 주관하시는 주님을 바라보며 기도하면 우리의 염려는 점점 소망으로 변하기 시작한다. 지금의 어려운 상황을 받아들이고 자족하고 감사하는 마음을 회복할 수 있게 된다.

자족을 위한 청각 훈련

시각 훈련만큼이나 청각 훈련도 중요하다.

첫째, 불평의 소리는 한 귀로 듣고 감사의 소리는 두 귀로 듣는 것이다. 우리는 하루에도 수천 마디 수만 마디의 말을 들으며 살아간다. 세상의 소리는 언제나 감사보다 불평의 소리가 훨씬 더 많다. 이 세상엔 똘똘이 스머프보다는 투덜이 스머프가 훨씬 더 많아서 그렇기도 하고, 인생살이가 쉽지 않기 때문이기도 하다. 요즘처럼 경기가 안 좋을 때는 더욱 그렇다.

문제는 우리가 자꾸만 내 주위 사람들에게서 불평, 불만의 소리를 듣다 보면 나도 그런 말들을 툭툭 내뱉게 된다. 누리고 있던 자족과 행복으로부터 멀어지고 불행한 사람이 되고 만다. 출애굽하여 광야 길을 걷던 이스라엘 백성이 그랬다. 그들은 광야에서 모세를 통해 들려주시는 감사의 소리는 한 귀로 듣고 백성들이 옆에서 수군대는 불평의 소리는 두 귀로 들었다. 그래서 그들은 만나를 먹고 반석에서 나오는 단 물을 마시고도 점점 자족하지 못하고 불평의 사람으로 변해 갔다. 불평의 소리는 한 귀로 듣고 한 귀로 흘려 버리고, 감사의 소리는 두 귀로 듣고 마음으로 흘려보내야 한다.

둘째, 외부 소리가 아니라 내면의 음성을 듣는 것이다. 자족의 사람은 세상 소리에 귀기울이는 사람이 아니라 자신의 내면에서 울려 퍼지는 성령의 음성을 들을 줄 아는 사람이다. 사탄은 세상의 소리를 이용해 우리에게서 자족을 빼앗으려 한다. 태초에 사탄은 뱀을 이용해 하와의 귀에 소리를 들려주었다. 그 소리는 한 귀로 듣고 한 귀로 흘려버려야 하는 소리였다. 지나가는 소리로 취급해야 했다. 사울은 어땠나? 여인들이 길거리에서 했던 "사울은 천천이요 다윗은 만만이로다"라는 노래를 한 귀로 듣고 한 귀로 흘려보내야 했다. 하지만 밤새도록 그 소리가 귓가를 맴돌게 내버려 두고 말았다. 그로부터 계속해서 세상의 소리, 사람의 소리에 귀 기울이다가 불행한 삶을 자초하고 말았다.

우리 안에 계신 성령께서 우리에게 속삭이실 것이다.

"나는 너를 사랑한다. 어제도 오늘도 내일도. 누가 뭐래도 넌 내 아들이다. 내가 너를 도와줄 거야. 내가 너를 고아와 같이 버려 두지 않을거야."

외부에서 들려오는 비교의 소리가 아니라 내면에서 들려오는 이 사랑의 음성을 듣자. 그럴 때 자존감이 건강하게 회복되고 자족하는 사람으로 살아가게 된다.

오늘의
기도

주님, 오늘 하루도 상황에 따라 움직이는,
바람에 나는 겨와 같은 인생이 아니라
시냇가에 잘 심기운 나무처럼 자족하며
살아가기를 원합니다.

Part 3. 자유롭게, 그리고 용기 있게

: 은혜의 복음이 나를 넘어서게 한다

Day 15

경계선에서 꽃 피우기

예수께서는 유대를 떠나, 다시 갈릴리로 가셨다. 그렇게 하려면, 사마리아를 거쳐서 가실 수밖에 없었다. (요 4:3-4)
그런데 열두 해 동안 혈루증으로 앓는 여자가 뒤에서 예수께로 다가와서, 예수의 옷술에 손을 대었다. (마 9:20)

한국 영화 "기생충"은 지하, 반지하, 지상으로 나뉜 사람의 삶을 그리고 있다. 이 영화는 자본주의 시스템 안에서 우리 사회가 구분한 인간 계급에 대한 신랄한 비판을 담고 있다.

영화 속 한 부잣집 남자는 자신의 차를 대신 운전하는 기사가 자기한테 여러 가지 말을 건네자 "자꾸만 선을 넘으려고 하네"라며 불쾌감을 드러낸다. 사람들마다 '여기까지'라고 생각하는 선이 있고, 그 선을 넘는 사람들을 불편해한다. 하지만 어린아이들이 함께 노는 모습을 보면 선이 없다. 부와 가난, 인종 등에 상관없이 아이들은 모두 친구가 된다. 아이가 자라면서 어른의 영향을 받아 점점 선이 생기고 그것이 점점 더 굵

춤추는 고래는 행복하다

어진다.

　성경에도 보면 유대인은 사마리이 땅으로 넘어가지 않으려 하고, 사마리아인들이 유대 땅으로 선을 넘어 들어 오는 것을 싫어했다. 그런데 유대 남자 예수는 사회적 통념을 깨고 사마리아로 들어갔다. 사마리아에도 복음이 필요했기 때문이다.

　사마리아 사람들은 유대인들과 원수 관계에 있던 사람들이다. 이들이 서로 원수 관계가 된 데에는 역사의 골이 깊다. 사마리아 사람들이 누구인가? 구약 이스라엘이 앗수르 포로기와 바벨론 포로기를 지나면서 이방 민족과의 혼혈 결혼 정책으로 선민 혈통의 순수성을 잃어버리게 된 사람들이다. 그래서 바벨론 포로 귀환 후 성전 재건축 과정에서 유대인들은 사마리아인들을 배제시킴으로써 서로 충돌을 빚었다.

　이 시기에 사마리아인들은 예루살렘 성전에 대항해서 그리심산에 자기들만의 성전을 건축했다. 이후 유대인들은 사마리아인들을 개로 여기며 이방인 취급하게 되었고, 사마리아인들 역시 유대인들을 향해 적개심을 품었다. 유대인과 사마리아인의 인종적 갈등은 이렇게 역사적으로 골이 깊어서 쉽게 풀릴 수 있는 문제가 아니었다. 하지만, 예수님은 복음이 사람들이 선을 지운다는 사실을 몸소 실천하며 보여 주셨다.

복음은 선을 넘는다

복음은 모든 인종적 편견과 감정적 대립이라는 장벽을 허문다. 복음의 가장 큰 특징은 선을 넘는 것이다. 복음은 모든 장벽을 허물고 세상을 다시금 하나로 만든다.

실제로 예수님은 하늘의 선을 넘으심으로 하늘과 땅의 경계를 허물고 이 땅에 오셨다. 하늘과 땅 사이의 선은 고층아파트와 반지하, 강북과 강남보다도 훨씬 더 넓고 크다. 비교할 수 없는 영역의 선이다. 이것을 상징하는 것으로 예수님이 십자가에 달리셨을 때 성전 휘장이 찢어졌다.

이로써 하나님과 우리 사이에도 장벽이 허물어졌다. 또 나중에는 성전을 무너뜨리심으로써 유대인들이 구분해 놓았던 여인의 뜰, 이방인의 뜰, 이스라엘의 뜰, 제사장의 뜰 같은 차별도 없애 버리셨다. 복음은 주인과 종, 남자와 여자, 유대인과 이방인을 모두 하나로 묶는 동그라미인 것이다.

혹시 예수님의 복음을 나만 특별한 것, 명품, 희귀 아이템을 소유하고 있는 사람인 양 착각하고 있는 건 아닐까? 마치 예수님 때에 '나는 특별하고 너희 이방인들은 구원받지 못한 불쌍한 사람들'이라는 생각에 사로잡혀 있던 바리새인들처럼 생각하고 행동하고 있는 건 아닐까? 복음은 나만 소유하는 소유물

춤추는 고래는 행복하다

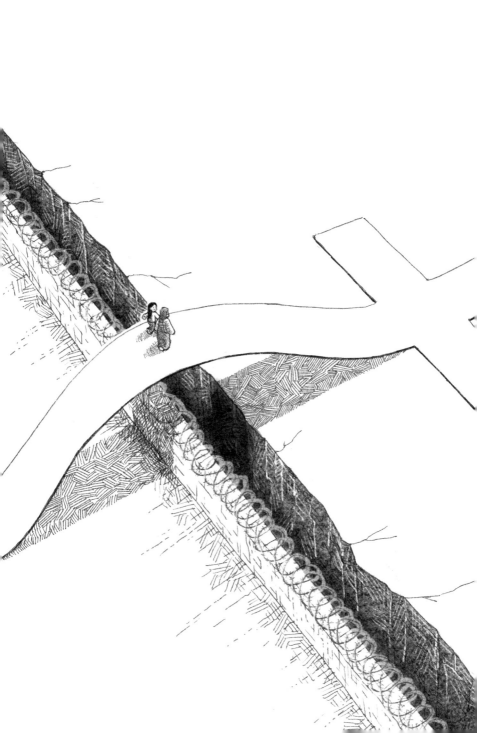

이 아니라 나를 통해 흘러가야 하는 유통물인데도 말이다.

복음은 소유하는 것이 아니라 살아가는 것이다. 나는 복음을 가졌기 때문에 무조건 천국에 간다는 자기 확신이 아니라, 내가 하나님의 은혜로 복음을 깨닫고 믿었으니 이 은혜의 복음을 살아 내다가 주님 앞에 서기를 소망해야 하지 않을까?

우리는 2020년부터 시작된 코로나 팬데믹으로 사회적 거리두기라는 걸 처음으로 알게 됐다. 하지만 '사회적 거리두기'라는 용어는 이미 문화 인류학자 에드워드 홀(Edward T. Hall)이 사용한 말이다. 홀은 그의 책 《숨겨진 차원》에서 사람 사이의 거리를 네 가지로 분류한다. 첫째는 공적인 거리로 366센티미터 이상, 둘째는 사회적 거리로 122-366센티미터, 셋째는 개인적 거리로 46-122센티미터, 넷째로는 친밀한 거리로 46센티미터 이하다.

혈루증에 걸린 여인은 예수님과 공적인 거리를 둔 사이였지만, 여인이 용기를 내어 예수님에게 다가가 친밀한 거리로 간격을 좁혔다. 이 여인은 그동안 누구와도 이런 거리를 유지한 적이 없었다. 부정한 여인으로 취급받으며 누구와도 친밀한 거리를 유지할 수 없었다. 병 때문에 누구에게도 환대받지 못하는 삶을 살아야만 했다. 그런데 예수님이 그녀의 간절한 마음이 담긴 손길을 느끼셨다. 그래서 예수님은 "딸아 안심해라"라고 가족 간의 친밀한 관계적 언어로 말씀하셨다(마 9:22).
이것으로 여인과 예수님 사이에 경계가 사라졌다.

담장에 꽃 한 송이면 족하다

정현종 시인은 "섬"이라는 단 두 줄의 시에서 이렇게 노래
한다.

"사람들 사이에 섬이 있다.
그 섬에 가고 싶다."

그는 또 "방문객"라는 시에서 이렇게 노래한다.

"사람이 온다는 건 사실은 어마어마한 일이다…
한 사람의 일생이 오기 때문이다."

함민복 시인은 '모든 경계에는 꽃이 핀다'고 노래한다. 시
인은 한 주인이 자기 집 담장에 화분을 쭉 놓아 둔 걸 보고는
가까이 가서 봤다. 보통은 쇠창살이나 깨어진 병들을 담장 위
에 설치하는데, 이 집 주인은 화분을 놓아 둔 거다. 아마 미관

상 그렇게 한 것 같다. 누군가가 이 집의 담장을 넘으려고 시도한다면 화분이 걸림돌이 된다. 그런데, 도둑이 만약 그 담장을 넘으려고 한다면 화분을 건드려서 떨어뜨릴 확률이 높다. 화분이 떨어지면 깨지는 소리에 주인은 자기 집에 도둑이 들었다는 걸 알게 된다. 아마도 주인은 미관과 안전이라고 하는 두 마리 토끼를 잡으려고 그렇게 한 것 같다.

그런데 그 담장 가까이 가 본 시인은 그 아래 국화 꽃이 피어 있는 것을 발견한다. 시인은 안과 밖의 경계에 피어 있는 국화꽃을 참 인상적으로 묘사한다. 그 모습이 우리 인생을 비추고 있다고 생각한 것이다. 경계에서 꽃을 피우는 게 인생이겠구나 싶었던 모양이다. 이 시인의 노래는 모든 일, 모든 것에 경계선 긋기를 좋아하는 우리에게 그 선을 허물자거나 없애자고 직접적, 강압적으로 이야기하지 않는다. 다만 담장에 꽃 한 송이 피우면 족하다고 이야기하고 있다.

십자가 위에서 모든 경계가 허물어졌다

미국에서 살면서 인종차별의 골이 얼마나 깊은지를 보게 된다. 코로나 팬데믹 동안 BLM(Black Lives Matter) 캠페인이나 아시안 인종 혐오(Asian Hate Crime) 같은 걸 경험했다. 우리나라도

　　　　　　　　　　　춤추는 고래는 행복하다

사실상 별반 다르지 않은 것 같다. 수백만의 다문화 가정이 한국에서 살아가고 있다. 하지만 외국인 노동자들은 한국 사람들로부터 심한 인종차별과 편견에 시달리며 힘겨운 하루하루를 살아간다. 국경에만 경계가 있는 것이 아니라 사람과 사람 사이에도 경계가 지어져 있는 것이다. 어쩌면 사람의 마음 안에 이 세상 그 어떤 장벽보다 높은 장벽이 세워져 있다.

몇 해 전, 미국과 멕시코 사이의 국경에 분홍색 시소가 놓이고 양 나라 어린이들이 그 시소에서 함께 노는 장면이 화제가 되었다. 어른들이 갈라 놓은 국경에서 아이들은 서로 어울려 논다. 천국의 모습이다.

우리가 믿는 주 예수의 복음은 주인과 종의 경계, 남자와 여자의 경계, 유대인과 헬라인의 경계를 허물었다. 성전에 있는 이방인의 뜰의 담장을 허물고, 지성소와 성소를 경계짓는 휘장을 찢어 버렸다. 히브리서 설교자는 이 십자가 사건을 예수께서 "우리에게 새로운 살 길을 열어 주셨"(히 10:20)다고 선포한다. 그리스도 안에서 모든 것이 하나님과 통일되고 우리 서로가 하나로 통일되었다는 사실을 선포한 것이 바로 그리스도의 십자가다. 창조주와 피조물의 연합, 피조물들끼리의 연합을 이룬 사건이 바로 십자가 사건이다.

십자가는 우리가 하늘을 거부하며 땅에 쌓아 올린 담장을 허물고 그 경계선에 피어난 아름다운 생명의 꽃이다. 십자가는 사람이 담장을 넘어오기를 막으려는 꽃이 아니다. 오히려 모든 사람이 이 땅의 담장, 자기 스스로가 세운 담장을 넘어 하늘의 집, 아버지 집으로 들어오라는 사랑과 환대의 장소다. 누구든지 예수님에게 나아올 수 있도록 환영받는 곳이 바로 십자가다. 십자가 앞에서 모든 경계는 허물어졌기 때문이다. 이것이 십자가 복음의 위대함이다.

경계에서 복음의 꽃을 피우길

"기생충"에서 부잣집 남자의 선을 넘지 말라는 대사는 사회적 강자와 약자, 부자와 가난한 자 같은 자본주의 사회에서 눈에 보이지 않게 경계가 지어진 신분 차이를 감히 넘보지 말라는 말이다. 왜 소위 사회적 강자들, 권력을 쥔 사람들은 이런 말을 아무렇지도 않게 하는 걸까? 그 마음에 사랑이 없어서다. 긍휼과 환대가 없어서다.

이 땅에 선을 넘어 오신 예수님은 사마리아 여인을 찾아 유대 땅의 경계를 넘으셨다. 혈루증 걸린 부정한 여인이 자신을 만지도록, 그 여인이 경계를 넘도록 옷자락을 내어 주셨다. 나병환자들이 격리에서 벗어나 경계를 넘어 자신에게로 나아오는 것을 거부하지 않으셨다. 한 여인이 자신의 발에 향유옥합을 깨트려 붓고 닦는 선 넘는 행동을 불쾌해하지 않고 오히려 칭찬해 주셨다. 그것은 그들을 향한, 그리고 우리를 향한 사랑이다.

최고의 사회적 강자이신 예수님은 스스로 사회적 약자로서의 삶을 사셨다. 스스로 죄인과 세리와 창녀들의 친구가 되셨다. 자신을 내어 주셨다. 동정하신 것이 아니라 그들처럼 되셨다. 성육신적 삶을 사신 것이다. 사랑이 무엇인지 몸소 보여 주셨다. 사랑은 모든 경계를 뛰어 넘는 거란 걸. 사랑에는 국경이 없다는 걸. 사랑은 선을 넘는 거란 걸 증명하셨다. 생각해 보니 하나님이 지으신 땅에는 원래 경계란 없다. 국경은 사실상 인간이 그저 지도에 그어 놓은 보이지 않는 선일 뿐이다. 하나님 나라에는 국경이 없다. 모두가 한 나라요 한 가족이다. 담장이 없고 경계가 없다. 천국은 모든 곳에서 꽃이 피어나는 곳이다.

나는 세계 최대 도시라 일컬어지는 뉴욕에 살고 있다. 여기를 흔히들 '멜팅팟(Melting pot)'이라고 부른다. 전 세계 다양한 민족이 더불어 살아가는 땅이기 때문이다. 그래서일까? 뉴욕의 복음화율은 3-5퍼센트 정도 밖에 안 된다. 이 도시에도 복음으로 인한 큰 기쁨이 필요하다. 그 어디보다 많은 노숙인, 알

코올 중독자, 동성애자, 우울한 자, 불안에 떠는 자, 차별과 갈등 속에 있는 사람들에게 큰 기쁨의 좋은 소식이 필요하다.

우리 교회 이름은 삶의 경계를 끊임없이 지우고 넓히자는 의미에서 '뉴프론티어교회'이다. 경계에 서서 꽃을 피우는 복음의 뉴프론티어가 되고 싶다. 맨해튼이라는 경계에서, 한인 디아스포라라는 경계에서, 여전히 인종차별을 경험하며 살아가는 경계선에서, 소수로 살아가는 이민자의 꽃을 피운다. 용서와 사랑의 환대의 꽃을.

춤추는 고래는 행복하다

오늘의
기도

주님, 오늘도 나와 너의 경계에서,
우리와 그들의 경계에서
한 송이의 꽃을 조용히 피우는
복음의 사람으로 살기 원합니다.
사랑과 용서와 환대를 실천하는
하루가 되기 원합니다.

자아 과잉의 도시에서 우정을 나누기

이제부터는 내가 너희를 종이라고 부르지 않겠다. 종은 그의 주인이 무엇을 하는지를 알지 못한다. 나는 너희를 친구라고 불렀다. 내가 아버지에게서 들은 모든 것을 너희에게 알려 주었기 때문이다. (요 15:15)

　뉴욕은 차갑고 외로운 도시라고들 말한다. 결혼율도 굉장히 낮다. 워낙에 유동 인구가 많아 서로에 대해서 깊이 헌신하지 않는 이유도 한몫할 것이다. 대도시에서 외로움에 시달리는 분들이 많아서일까? 뉴욕에는 강아지가 참 많다. 쇼셜미디어가 넘쳐나는 세상에서 사람들이 더 외로움을 느끼며 살아가고 있다는 건 참 아이러니다.

　모든 게 다 연결된 세상 속에서 아무 것도 연결되지 못한 사람들의 삶을 본다. 무언가 대단한 성공을 거둔 사람도 공허함을 느낀다. 그럴 듯한 성공을 거두지 못한 채 평범한 직장인의 삶을 살아가는 대부분의 뉴요커들도 공허감을 느끼기는 마찬가지다. 직장의 노예처럼 살아가는 것 같기 때문이다. 자신의 직업에 대해서 만족감을 가지고 살아가는 사람들이 생각보다 많지는 않은 것이 현실이다.

뉴욕은 커리어가 우상이 된 도시라 연애도 결혼도 뒷전이다. 그럼에도 몇 년 사이에 청년들 사이 데이트앱이 엄청나게 소비되고 있고, 팬데믹 때는 이용자 수가 더 많아졌다. 사진을 보며 만나고 싶은 사람을 고르고 지우고 한다. 한 자매는 연애를 많이 했지만, 이상하게 결혼까지는 잘 골인이 안 된다고 고민을 토로했다. 자매가 형제에게 조금만 짜증을 낸다거나 귀찮게 굴면 소위 잘 나가는 형제는 하루아침에 관계를 끊어 버린다는 것이다. 나도 너무 바쁘고 정신없이 살아가는데 너의 이런 응석을 받아주면서까지 연애하고 결혼할 자신이 없다고 말이다. 결혼이 섬김과 희생의 장이 아니라 편리와 자기 만족의 장이 된 것을 느낀다.

팬데믹 때 부부관계가 어려워졌다거나 나아가 헤어졌다는 이야기를 많이 들었다. 삶의 방식이 서로 다른 두 사람이 만나서 서로를 이해하고 섬기고 희생하며 산다는 것은 사실 참 힘든 일이다. 특별히 가치관과 성격과 여러가지 면에서 다른 점이 많은 두 사람이 맞춰 간다는 건 사람의 감정만으로는 해결할 수 없는 일이다. 부부가 연애의 감정으로 출발했더라도 결국은 더 깊은 사랑의 관계로 나아가야 한다는 궁극적인 지향점을 함께 바라보지 못한다면 그 관계는 언제나 아슬아슬할 것이다. 팀 켈러(Timothy J. Keller)가 그의 책《결혼을 말하다》에서 말했듯, 결혼은 결국 우정으로 끝이 난다. 결혼의 종착역은 우정의 깊은 관계이다. 부부는 세상에서 둘도 없는 베스트 프렌드가 되는 것이다.

친구란 무엇일까

우리는 사람이 나이가 들면 친구를 맺기 어렵다는 말을 종종 듣는다. 왜일까? 원래 '친구'라는 말은 한자로 '오래전부터 (舊) 친하게 지내 온(親) 사람'을 뜻한다. 여긴 '친할 친(親)'자에 얽힌 하나의 이야기가 있다.

어떤 마을에 어머니와 아들이 살았다. 하루는 아들이 멀리 볼일을 보러 갔다. 저녁 다섯 시에는 꼭 돌아온다고 했다. 그런데 다섯 시 반이 되어도, 여섯 시가 되어도 아들이 돌아오지 않았다. 어머니는 걱정이 태산 같았다. '아들이 왜 안 돌아올까? 도둑이나 강도한테 살인을 당했나? 술에 취해 남과 다투다 사고를 일으켰나?' 어머니는 안절부절 마음이 놓이지 않았다. 불안과 걱정으로 견딜 수가 없었다. 어머니는 마을 어귀로 나갔다. 아들의 모습이 보이지 않았다. 멀리까지 바라보려면 높은 데 올라가야 했다. 어머니는 큰 나무 위에 올라가서, 아들이 오는가 하고 눈이 빠지도록 바라보았다. 그 정성스러운 광경을 글자로 표시한 것이 바로 '친'자이다. 나무(木) 위에 올라서서(立) 아들이 오기를 바라보고(見) 있는 어머니. 그래서 우리 나라에서는 아버지를 부친(父親), 어머니를 모친(母親)이라 부른다.

영어로 '친구'는 'friend'이다. 이 말은 옛 영어인 'freond'에서 왔다. 여기서 'freon'은 '사랑하다(to love)'의 현재분사형이다. 친구를 뜻하는 불어 'ami', 스페인어 'amigo', 이탈리아어 'amico'는 모두 라틴어 'amicus'에서 유래했다. 이 말들은 모두 '사랑한다(amare)'라는 동사에서 파생되었다고 한다. 결국, 동양이나 서양이나 친구라는 단어의 핵심엔 사랑이 있다.

사람이 나이가 들면서 친구를 맺기 어려운 이유는 간단하다. 사랑에 서툴러서다. 어릴 땐 계산하지 않고 서로 좋아해서 친구가 쉽게 된다. 커서는 좋아하기 전에 계산부터 해서 친구가 쉽게 못 된다. 사랑하기 위해 누군가를 만나는 게 아니라 사용하기 위해 누군가를 만나서 그렇다.

예수님은 나를 사용하시기 위해 이 땅에 오신 게 아니라 사랑하시기 위해 오셨다. 내 친구가 되기 위해 오셨다. 나를 당신의 종이 아니라 친구로 삼으시려고 말이다. 요한복음은 예수님이 이 땅에 오신 목적을 '풍성한 생명의 삶'(요 10:10)이라고 말한다. 풍성한 삶의 비결은 주님의 사랑 안에 거하는 것이고, 주님의 사랑 안에 거한다는 말은 주님의 계명을 지키는 것이다. 그리고 그 계명은 결국 내가 너희를 사랑한 것 같이 너희도 서로 사랑하라는 것이라고, 예수님은 단도직입적으로 말씀해 주셨다.

　예수님이 원하시는 풍성한 삶은 한 개인이 특별한 복을 받아서 잘사는 것을 의미하지 않는다. 예수님이 이 땅에 주시고자 하신 풍성한 생명은 예수님의 사랑으로 충만한 공동체의 모습을 의미한다. 더 직접적으로 말하자면 생명공동체인 교회 공동체가 서로 사랑하며 살아가는 모습을 의미한다. 제자공동체 내에서의 서로 사랑이라고 하는 것은 결국 영적 '우정'이다. 물론 우정은 세상 사람들도 많이 이야기하는 주제이다.

　영국의 기독교 작가 C. S. 루이스(Lewis)는 그의 책《네 가지 사랑》에서 사랑을 탐구한다. 그는 에로스는 서로를 바라보는 것인데 반해, 우정은 '나란히 앉아 공통의 관심사에 빠진 것'이라고 말한다. 그래서 에로스가 질투하는 사랑이라면 참된 우정은 질투가 가장 적은 사랑이고, 오히려 같은 관심사를 가진 두 친구가 세 친구, 네 친구로 확장되는 것을 기뻐하는 관계라고 말한다. 이런 이유로 루이스는 친구를 동료와 동의어로 가볍게 취급하는 것을 비판적으로 보면서, 친구는 동료 이상이고 우정은 동료의식 이상이라고 말한다. 일이나 여가활동을 함께하는 동료 가운데서도 더 내적인 것을 공유하는 소수의 관계가 친구이다.

우정은 동료의식보다 더 깊은 의미가 있다. 루이스가 볼 때, 우정은 '공동의 비전으로 함께 앞을 바라보는 관계' '어깨를 나란히 하고 같은 진리를 바라보는 사랑'이다. 곁에 있어 주면서 바른 길을 가도록 서로 돕는 관계이고, 힘들 때 편이 되어 주는 동반자가 친구이다.

교회는 주님을 사랑하고 서로를 사랑하는 우정공동체라고 말할 수 있다. 우리를 종이라 부르지 않고 친구라 부르시는 주님과 우정을 나누고 주님 안에서 그분의 몸의 지체 된 형제자매들과 우정을 나누는 것이 교회공동체의 모습이다. 신약성경에 많은 부분이 편지라는 사실도 교회공동체가 우정공동체임을 입증하는 것이다. 서로 편지로 주고받으면서 우정을 나누는 모습을 본다. 초대교회 사도들의 우정을 나누는 모습 속에는 따뜻한 위로와 격려의 메시지도 있다. 또한 강한 질책이나 권면, 경고의 메시지도 있다. 우정이란 이런 것이다. 친구란 듣기 좋은 말만 하는 관계가 아니라 소위 쓴소리도 할 수 있어야 한다.

교회공동체 안에서 이 부분은 참 예민하고 조심스러운 부분이다. 충분한 신뢰 관계가 형성되지 않은 상태에서 질책이나 권면, 책망의 말들을 한다는 것은 참 쉽지 않은 일이다. 그렇지만 참된 영적 우정이라는 것은 그리스도의 진리 안에서 사랑을 나누는 관계임을 기억해야만 한다. 성도와 성도 간의 교제가 아니라 그리스도 안에서 우정을 나누는 관계임을 기억해야 한다.

요한복음 15장에서 예수님이 말씀하신 포도나무와 가지 비유로 빗대자면 성도 간의 우정은 가지들끼리만의 사랑이 아니라 포도나무에 붙어 있는 가지들끼리의 사랑이다. 다시 말하면, 서로가 그리스도의 진리의 말씀에 순종하는 삶을 돕는 관계가 되어야 한다는 말이다. 내 생각을 나누는 것에 그치는 관계가 아니라 그리스도의 진리를 서로가 가르치고 배우는 관계가 되어야 한다. 그래서 궁극적으로 예수 그리스도의 장성한 분량에 이르기까지 함께 자라 가는 기쁨을 함께 누리는 관계가 되어야 한다.

어떻게 친구가 될 수 있을까

오늘날처럼 자기중심성이 강해지는 시대에 참된 영적 우

춤추는 고래는 행복하다

정이 교회 안에서 가능할까 하는 생각이 들 수 있다. 그리고 만약 가능하다면 어떻게 가능한가 하는 현실적인 질문이 들 것이다. 이런 질문들 앞에 우정의 기초를 되새겨 본다.

참된 우정의 기초가 있다면 바로 우리 주님이 보여 주신 성육신이라 말할 수 있다. 예수님은 "내가 너희를 사랑한 것과 같이, 너희도 서로 사랑하여라"(요 15:12)라고 새 계명을 주셨다. 예수님이 우리를 사랑하신 모습은 우리와 같은 모습으로, 우리가 살아가는 땅으로 찾아오신 것이다.

이 성육신의 사랑이 우정의 기초이다. 우리가 누군가를 사랑하고 우정 관계를 발전시켜 나가려면 우리도 그 사람처럼 되려는 성육신적인 노력이 필요하다. 무척이나 어려운 일이지만 말이다. 상대방의 입장이 되어 생각하고 이해하고 공감하는 것은 부단한 훈련이 필요하다. 이 성육신이 우정의 기초이다. 이 우정이 자라고 관계가 깊어져 가면 어떻게 될까? 공동체 안에 기쁨이 충만해진다.

이러한 참된 우정으로 인한 기쁨이 충만할 때 공동체에서 일어나는 일이 있다. 순교이다. 사도행전을 보면 기쁨이 넘치던 초대교회에 야고보나 스데반 같은 순교자들이 생겨났다. 주님과 우정이 깊어진 사람들 중에 순교하는 일이 생겼다. 친구되신 주님을 위해 기꺼이 목숨을 내놓는 사람들이 생긴다.

먼저 자신을 위해 십자가에서 목숨 내어 주신 주님의 사랑을 알기 때문에 그렇게 한다. 예수님이 친구라고 부르신 열두 제자 중 사도 요한을 제외한 모든 이가 순교했다.

예수님은 "사람이 자기 친구를 위하여 자기 목숨을 내놓는 것보다 더 큰 사랑은 없다"(요 15:13)라고 말씀하셨다. 그리고 본인이 십자가에서 이 큰 사랑을 몸소 보여 주셨다. 결국 영적 우정의 절정은 십자가다. 친구를 구하기 위해 스스로 목숨을 대신 버리는 것. 우정의 기초가 성육신이라면 우정의 절정은 십자가다.

주님은 우정을 위해 목숨을 바치셨다

그렇다면, 순교의 가능성이 비교적 적은 나라에서 살아가면서 순교를 각오할 정도의 우정 관계를 주님과 또 형제 자매들과 맺는다는 것은 어떤 의미일까? 그것은 예수님의 말씀처럼 날마다 자기를 부인하고 자기 십자가를 지고 주님을 따르는 제자도로 살아가는 것이다. 왜 자기를 부인하고, 자기 십자가를 지고, 주님을 따르는 예수의 제자로 살아야 하는가? 왜 좁은 문으로 들어가는 쉽지 않은 길을 선택해야 할까? 그것이 사랑이기 때문이다. 진정한 사랑이란, 진정한 우정이란 사랑하는 대상을 위해 죽을 수 있는 것이기 때문이다. 하나님은 우리 믿음의 수준이 이 단계에까지 자라기를 원하신다.

아브라함의 믿음의 여정이 이것을 잘 보여 준다. 그는 갈 바를 알지 못했지만 말씀에 따라 떠났다. 그의 믿음의 출발은 아직은 많이 미숙한 신앙이었다. 하지만, 그는 삶의 이런저런 시험들을 통과하면서, 여러 하나님의 이름들을 알아 가면서 믿음이 자라게 되었다. 그리고 마침내 마지막 하나님의 시험이었던 독자 이삭을 바치는 장면에서 그의 믿음은 하나님의 벗이라 칭함받을 만한 수준으로 자라게 된다. 친구를 위해 모든 걸 다 내어 주는 우정의 모습 말이다. 이 이야기는 결국 장차 먼 미래에 성부 하나님이 독자 예수를 내어 주는 것에 대한 예고편인 셈이다.

주님이 먼저 아브라함을 택하여 부르셨고 그와의 우정 관계를 발전시켜 나가셨다. 마찬가지로 주님이 우리를 친구로 먼저 선택하여 부르셔서 우리를 위해 죽으심으로 우리를 향한 우정을 확증해 주셨다. 우리를 종이라 부르지 않고 친구로 부르겠다 말씀하신 주님은 정작 친구의 모습이 아니라 종의 모습으로, 벌거벗은 모습으로 우릴 위해 목숨을 바치셨다. 우리를 영화롭게 하시기 위해서 말이다. 친구를 빛나게 해 주려고 말이다.

오늘의
기도

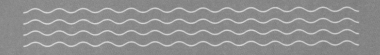

주님, 집 나간 탕자를 기다리시는 아버지의 마음이
우리와 친구가 되기를 원하시는
주님의 마음임을 깨닫습니다.
저도 주님을 순수하게 사랑하는
주님의 친구로 살기를 원합니다.
그리고 주님의 사랑으로 성도들을 사랑하며
참된 우정을 나누기 원합니다.

Day 17

풍요 속 빈곤이라는 갈등을 해소하기

그러나 내가 주는 물을 마시는 사람은, 영원히 목마르지 아니할 것이다. 내가 주는 물은, 그 사람 속에서, 영생에 이르게 하는 샘물이 될 것이다."(요 4:14).

사람들은 모두가 한 번뿐인 인생을 행복하게 잘살고 싶어 한다. 크게 보면 행복의 조건은 결국 '2미'인 것 같다. 재미와 의미다. 사람은 재밌을 때, 다시 말해 기쁠 때 행복을 느낀다. 또 자신의 삶에서 의미를 찾을 때 행복을 느낀다.

그런데 문제는 이런 기쁨이나 의미가 오래 지속되느냐 아니냐일 것이다. 예를 들면 남편으로 인해 기쁜 삶을 살았는데 남편으로부터 버림을 받는다든지, 남편이 먼저 일찍 세상을 떠난다든지 한다면 기쁨이 지속될 수 있을까? 좋은 직장을 다니며 기쁨을 누렸는데 갑자기 그런 직장으로부터 해고 통보를 받는 어려움을 만났을 때 여전히 기뻐할 수 있을까? 내가 하는

춤추는 고래는 행복하다

일에 대해 소명 의식을 가지고 나름 삶의 의미를 찾으면서 행복한 일상을 살고 있었는데, 어느덧 그 일이 지루하고 더 이상 큰 의미로 다가오지 않는다면 어떻게 되는 걸까?

우리는 무엇 때문에 목이 마른가

기쁨은 생명체만이 느끼는 감정 상태이다. 반대로 죽음은 슬픔이다. 우리 마음에 생명이 없으면 우리는 슬픔과 낙심으로 괴로워하고 죽음을 경험하게 된다. 반대로 우리 안에 생명이 넘쳐나면 기쁨을 누리게 된다.

그런데 우리에게 기쁨을 주는 그 생명이 무엇이냐가 중요하다. 세상 사람들은 기쁨을 영원한 그 무엇으로 여기지 않는다. 특히나 빠른 속도를 즐기는 현대인에게 기쁨은 지극히 순간적이고 일시적인 감정에 불과하다. 어제는 기뻤지만 오늘은 우울하다. 어제는 삶이 재미있게 느껴졌지만 오늘은 지루하게 느껴진다. 마음이 우울하고 삶이 지루하게 여겨질 때 우리는 곧장 그 진통제를 찾는다. 자극적이고 임시적으로 나의 감정을 회복시켜 줄 그 무엇을 말이다. 술, 담배, 마약, 포르노, 게임, 도박, 섹스 등의 자극적인 것들을 현대인들이 더욱 찾고 있는 이유가 여기에 있다.

그러나 성경은 기쁨을 순간적이고 일시적인 감정으로 가르치지 않는다. 성경은 기쁨을 순간적이고 일시적이고 자극적인 재미나 쾌락으로 여기지 않고 오히려 영원한 그 무엇으로 이야기한다. 영원한 기쁨이 가능하다고 이야기한다. 거기다 사도 바울은 "항상 기뻐하라"는 도전적인 말을 던진다.

영원한 기쁨은 영원한 생명으로부터만 가능하다. 살아 있어야 기쁘다는 말이다. 생명의 선물은 기쁨이다. 예수님을 만난 사람들의 특징은 자신의 과거에 대해 내가 그동안 잘못 살았다는 회개의 고백을 한다는 것이다. 이들은 삶을 의미 없이 낭비했으며 삶의 가치를 망각한 채 아무런 의미 없이 인생을 살아왔다는 회한의 눈물을 흘린다.

요한복음 4장에 나오는 우물가의 사마리아 여인은 인생의 목마름이 있었다. 무슨 이유에서인지 다섯 번의 결혼생활을 해야 했던 기구한 운명의 여인이다. 아마도 남자들에게서 버림받거나 남편들이 일찍 죽었거나 했을 것이다. 그녀는 뜨거운 정오 무렵 사람들의 눈을 피해 일상에 지치고 삶에 찌든 채로 우물가에 물을 길으러 나왔다. 예수님은 이 여인에게 찾아가셨다. 예수님도 오랫동안 길을 걸으셔서 몸의 피곤함을 느끼고 지치셨다. 하지만 여인의 피곤함과 예수님의 피곤함은 전혀 다른 것이다.

예수님의 피곤함은 육신의 피곤함이었지만 여인의 피곤함은 영혼의 피곤함이었다. 예수님은 생명을 살리기 위한 삶의 목적과 소명을 이루기 위한 피곤함이었고, 여인의 피곤함은 삶의 의미와 목적을 잃어버린 데서 오는 마음의 공허함과 피곤함이었다. 예수님도 목마르셨다. 그래서 여인에게 물을 좀 달라 하셨다. 그리고 여인도 목이 말라 우물가로 왔다. 하지만 그 목마름은 서로 다른 종류의 목마름이었다.

예수님의 목마름은 한 영혼이라도 더 만나고 한 영혼이라도 더 생명을 누리게끔 하시기 위해 느낀 영의 목마름이었다. 여인의 목마름은 삶의 의미와 목적을 잃어버린 육의 목마름이었다.

영원히 목마르지 않을 생수를 마셔라

어머니는 혈액암(백혈병)으로 3년을 투병하셨다. 마지막에는 산속에 있는 치유 센터에서 병 치료를 위해 지내셨다. 그 치유 센터를 나도 방문한 적이 있다. 그곳에서 한 4일 정도를 지냈다. 살면서 그렇게 많은 암 환자 분들을 가까이서 본 적이 그때 말곤 없었다. 한 3분의 1정도는 최근에 항암치료를 해서 머리 숱이 없었다. 평소 암에 대한 이야기를 많이 듣기도 했고,

누가 암에 걸리셨다는 이야기를 들을 때면 참 안타깝게 여기긴 했지만, 실제로 어머니가 암 투병을 하시게 되자 삶과 죽음에 대해서 더 깊이 생각해 보게 되었다.

우리는 지금 살아 숨쉬고 있지만 언젠간 죽는다. 죽음은 우리에게 삶의 의미를 일깨워 주는 스승이다. '만일 내가 내일 죽는다면…' 하고 생각해 보라. 인생의 길이보다 중요한 건 인생의 깊이라는 사실을 깨닫게 될 것이다. 무엇을 하며 사느냐보다 중요한 건 무엇을 위해 사느냐다. 달라스 윌라드(Dallas Albert Willard)는 "인생의 의미는 사치가 아니라 우리 영혼을 살리는 일종의 영적 산소이다"라고 말했다. 아브라함 J. 헤셀(Abraham Joshua Heschel)도 이렇게 고백한다.

"내게 '나는 존재한다'라고 말할 수 있는 것으로는 충분하지 않다. 나는 내가 누구인지 알고 싶다. 그리고 누구와 관계된 삶을 살고 있는지 알고 싶다. 질문을 하는 것으로는 부족하다. 내가 직면한 모든 것을 다 포함하고 있는 듯 보이는 '나는 무엇을 위해 존재하는가?'라는 이 질문에 어떻게 대답해야 하는지 알고 싶다."

도스토예프스키의 《카라마조프가의 형제들》에서 종교 재판관은 인간이 삶의 목적과 의미에 대해 의문을 품게 될 때 그 영혼에 어떤 무시무시한 일이 벌어질 수 있는지를 말해 준다.

춤추는 고래는 행복하다

"왜냐하면 인간의 존재의 비밀은 단순히 생존하는 것에만 있지 않고… 무엇인가 분명한 것을 위해 살아간다는 데 있기 때문이다. 자신이 무엇을 위해 사는지 분명하게 인식하지 못하는 사람은 삶을 받아들일 수 없고 지구상에 살아남기보다 자신을 파멸시킬 것이다."

키에르케고르는 그의 책《저널》에서 이렇게 말한다.

"중요한 것은 내 자신을 이해하는 것이며, 하나님이 실제로 내가 무엇을 하기 원하시는지를 아는 것이다. 중요한 것은 나에게 참된 진리를 찾는 것이며 내가 그것을 위해 살 수도 있고 죽을 수도 있는 사상을 찾는 것이다."

동양의 종교는 '해탈하라'고 가르친다. 서양의 사상은 '네 원하는 대로 해라'라고 말한다. 삶의 의미와 목적은 발견하는 것이 아니라 스스로 만들어 가는 것이라 이야기한다. 하지만 성경은 우리에게 "예수 그리스도를 따르라"고 가르친다. 왜냐하면 그분은 스스로를 가리켜 이렇게 이야기하기 때문이다.

… "나는 길이요, 진리요, 생명이다. …" 요 14:6

사마리아 여인의 자신의 삶의 의미에 대한 목마름은 바로 이 예수 그리스도 안에 있는 생수를 마심으로써 해결되었다.

메시아를 발견했을 때, 다시 말해 살아야 할 이유를 찾았을 때 이 여인은 이전까지는 느껴 보지 못한 기쁨을 발견하고는 물동이를 던지며 자신의 일상으로 돌아갔다. 사마리아 여인은 행복한 교차로인 야곱의 우물가에서 누군가의 생명을 살리는 기쁨과 삶의 의미, 그리고 삶의 구원자를 만났다. 우리 삶의 기쁨과 의미를 찾을 수 있는 곳은 바로 영원한 생명 샘 예수 그리스도뿐이다.

온갖 종류의 SNS가 넘쳐나며, 접속량이 무한으로 늘어 가고, 인터넷 접속 속도는 점점 빛의 속도를 향해 가는 시대다. 그런데 사람들은 어디에 접속해야 할지, 그 출구를 찾아 헤매는 것 같다. 도시에 남자는 넘쳐나는데 정작 나를 진정성있게, 인격적으로 사랑해 주는 남자가 없다는 생각에 외로움과 공허가 밀려든다. 직장 동료들은 넘쳐나는데 내 영혼을 걱정해 주고 내 삶을 지지해 주는 인격적인 동료(companion)는 없는 것 같아 헛헛하다. 교회에서 사역과 섬김으로 사람들의 사랑과 인정을 받고싶지만 늘 목마르다. 이것은 다 지극히 정상적인 인간의 모습이다. 파스칼이 말한 대로 인간의 마음에는 모두가 동일한 구멍이 나 있기 때문이다. 하나님으로만 채워지는 마음의 구멍이 있기 때문이다.

사마리아 여인의 마음에 난 구멍은 하나님의 사랑으로만

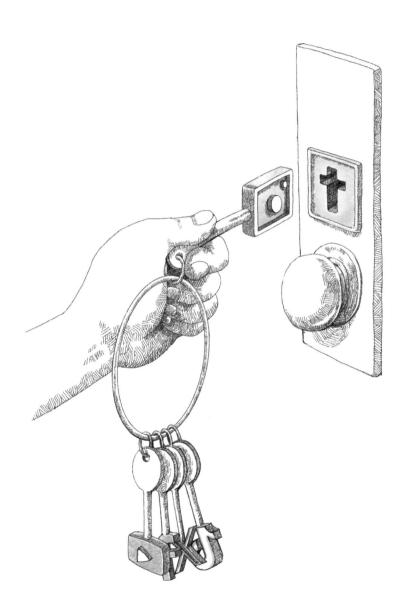

채울 수 있다. 사마리아 여인에게 가장 필요한 것은 더 편하고 가벼운 물동이가 아니었다. 세상의 물동이에 연연하지 않고, 마음의 물동이에 그리스도의 생수로 채우는 것이었다. 이 여인에게 진정한 남편이 나타났다. 그녀는 가나 혼인잔치에서 물로 포도주를 바꿔 주신 진정한 신랑되신 예수님을 인격적으로 만났다. 그렇게 여인은 예수님에게 접속됐다. 영원히 목마르지 않을 생수를 마시면서.

오늘의
기도

주님, 제 구멍 난 마음을 채울 생수는
오직 예수님 뿐임을 고백합니다.
영원한 생수되신 주님 안에서
인생의 외로움과 공허함을 이기며
행복하게 살아가게 하옵소서

내 생각에만 사로잡히지 말고 공감하기

하물며 좌우를 가릴 줄 모르는 사람들이 십이만 명도 더 되고 짐승들도 수없이 많은 이 큰 성읍 니느웨를, 어찌 내가 아끼지 않겠느냐?" (욘 4:11)

요나서는 하나님 이야기다. 요나서 전체에서 '하나님'이란 단어는 서른아홉 번 언급된 반면, '요나'는 열여덟 번 언급되었다. 요나 이야기가 아니라 하나님 이야기라는 말이다.

스페인으로 도망쳤다가 하나님에게 붙잡혀 결국은 니느웨로 오게 된 요나는 40일이 지나면 니느웨가 무너지리라는 단 다섯 마디의 메시지를 마지못해 외치게 된다. 큰 죄악의 도시요 이스라엘의 원수 국가인 앗수르의 대도시 니느웨 백성들은 그 맥없는 메시지 앞에 놀랍게도 회개하고 자복한다. 니느웨의 왕까지도 회개하고 주께로 돌아오는, 기적처럼 놀라운 부흥이 일어났다.

춤추는 고래는 행복하다

하나님보다 내가 옳다는 요나 콤플렉스

만약 요나서가 요렇게 끝이 났다면 짜릿한 클라이막스와 아름다운 해피엔딩으로 기억되었을 것이다. 요나는 처음에는 불순종했지만 그래도 변화된 위대한 선지자로 기억되었을 것이다. 하지만, 안타깝게도 요나서는 끝까지 독자의 예상에 반전을 일으킨다. 니느웨 부흥의 은혜로운 현장에서 제외된 단한 사람이 있었는데, 그게 바로 요나였다. 요나는 니느웨가 회개하고 놀라운 부흥을 맛보는 것을 보고 화가 치밀어 올랐다. 그리고, 하나님 앞에 불평을 쏟아 내기 시작한다.

요나는 이 일이 매우 못마땅하여, 화가 났다. 그는 주님께 기도하며 아뢰었다. "주님, 내가 고국에 있을 때에 이렇게 될 것이라고 이미 말씀드리지 않았습니까? 내가 서둘러 스페인으로 달아났던 것도 바로 이것 때문입니다. 하나님은 은혜로우시며 자비로우시며 좀처럼 노하지 않으시며 사랑이 한없는 분이셔서, 내리시려던 재앙마저 거두실 것임을 내가 알고 있었기 때문입니다. 주님, 이제는 제발 내 목숨을 나에게서 거두어 주십시오! 이렇게 사느니, 차라리 죽는 것이 낫겠습니다." 요나 4:1-3

요나가 이렇게까지 하나님에게 화가 난 이유는 무엇일까? 요나의 기도에 잘 나타나 있다. 요나가 생각하는 니느웨 백성들은 도저히 용서받을 수 없는, 잔인한 죄악을 일삼은 죄인들이었던 것이다. 요나 생각에는 그들이 구원받는다는 것은 하나님의 공의의 측면에서 생각할 때 말도 안 되는 일이었다. '저 놈들은 맞아도 싼 놈들'이고 '하나님의 심판을 받아도 열두 번은 더 받아야 할 인간들'이라고 생각한 것이다.

요나는 자기가 니느웨에 던지고 온 시한폭탄이 터져 니느웨가 불바다가 될 것을 기대했다. 요나는 사실 자신의 선지자로서의 위신이 더 걱정되었다.

'내가 이 꼴 보자고 니느웨 가서 이 고생을 했나. 내가 외친 심판의 메세지는 다 뭐야 그럼…. 이렇게 내가 본국으로 돌아가면 내가 전한 메시지가 다 거짓말이 되고 말잖아. 나는 그럼 거짓 선지자로 낙인찍히는 거고.'

요나의 기도를 보면, 선지자로서의 불길한 예감이 적중했다는 것을 자기도 깨닫는다. 이것이 애초에 스페인으로 도망간 이유이기도 하다. 요나는 하나님이 너무 마음씨 좋은 분이 아니길 바랐다. 혹시나 하나님이 니느웨에 대한 진노를 돌이키실까 봐서 스페인으로 도망했는데 역시 아니었다.

요나가 화가 난 대상은 이제 니느웨 사람들에서 하나님으

춤추는 고래는 행복하다

로 바뀌었다. 이걸 흔히 우리는 '요나 콤플렉스'라고 부른다. 요나 콤플렉스는 내 생각이 옳은데 하나님은 항상 내가 옳다고 생각하는 대로 일하시지 않는 것에 대해서 분노하는 것을 뜻한다.

선하신 하나님을 믿고 바라보라

성경에는 이런 요나 콤플렉스에 걸린 사람들이 많이 등장한다. 대표선수를 한 명 꼽는다면 가인이다. 가인은 자기가 예배를 잘 드렸다고 생각한다. 그런데 하나님이 동생 아벨의 제사는 받으시고 자기 것은 안 받으신 것에 너무 화가 났다. 자기 예상과 다른 하나님의 태도에 가인은 분노를 느꼈다. 예배에 있어서 중요한 것은 하나님과 하나님이 기뻐하시는 방식이지 자기가 좋아서 만들어 낸 방식이 아니라는 사실을 잊은 것이다. 예배는 하나님을 만족시키는 것이 목적이지 자기 만족이 아니다. 가인은 예배의 의미와 목적을 상실했다.

요나도 마찬가지다. 요나는 하나님의 주권에 불만이 있었다. 하나님은 당신의 긍휼하심 때문에 충분히 뜻을 돌이키실 수 있는 분인데, 요나는 자기가 하나님이 되어 생각하고 판단한 잘못된 자기 의에 빠져 있었다. 교만 바이러스에 걸린 사람에게 나타나는 연속적인 증상이다. 감기 걸리면 머리 아프고 목 아프고 콧물 나고 하듯이 교만 바이러스에 걸리면 분노하고 자기 의에 빠지고, 결국 자기 예상과 다른 일이 벌어지면 하나님에게 불평하는 종합감기, 요나 콤플렉스에 걸리게 되는 것이다. 죄인들이 자주 걸리는 질병이다.

우리는 죄인이라서 늘 하나님에 대한 콤플렉스가 있다. 스스로 하나님과 같이 되고자 하는 본성이 우리 안에 숨어 있기 때문이다. 이것이 다시 꿈틀거리고 살아나면 잠재되어 있던 요나 콤플렉스는 금방 발병하고 만다.

탕자 비유의 첫째 아들에게서도 요나 콤플렉스를 발견할 수 있다. 첫째 아들이 보기에 집 나갔던 탕자는 파렴치한 놈이고 살아 계신 아버지의 유산을 다 까먹고 방탕할 정도로 나쁜 놈으로서 용서받지 못할 죄를 지은 놈이다. 그런데 아버지는 그런 자식을 용서하실 뿐만 아니라 살진 송아지도 잡고 금가락지를 끼워주고 잔치를 벌인다. 첫째 아들은 '이건 아니다'라고 생각한다. 혼자 화가 나서 잔치에도 참여하지 않고 자기 방문을 세게 걸어 잠갔다. 요나 콤플렉스에 걸린 것이다. 아버지의 마음을 공감하지 못했다.

요나 콤플렉스에 걸리면 하나님의 선하신 행위가 불공평한 것을 넘어 악한 행위로 보인다. 이것은 마치 마태복음 20장

춤추는 고래는 행복하다

에 나오는 예수님의 포도원 품꾼을 고용하는 주인의 비유에도 잘 나타나 있다. 아침 6시, 점심 12시, 오후 늦게 거의 일이 끝나갈 무렵인 5시에 고용된 품꾼들이 각각 일당을 받는다. 모두가 다 동일하게 한 데나리온을 받게 되자 일찍 와서 수고한 품꾼들은 무척 화가 났다.

> 그들은 받고 나서, 주인에게 투덜거리며 말하였다. '마지막에 온 이 사람들은 한 시간밖에 일하지 않았는데도, 찌는 더위 속에서 온종일 수고한 우리들과 똑같이 대우하였습니다.' 그러자 주인이 그들 가운데 한 사람에게 말하기를 '이보시오, 나는 당신을 부당하게 대한 것이 아니오. 당신은 나와 한 데나리온으로 합의하지 않았소? 당신의 품삯이나 받아가지고 돌아가시오. 당신에게 주는 것과 꼭 같이 이 마지막 사람에게 주는 것이 내 뜻이오. 내 것을 가지고 내 뜻대로 할 수 없다는 말이오? 내가 후하기 때문에, 그것이 당신 눈에 거슬리오?' 하였다. 마 20:11-15

"내가 선하므로 네가 악하게 보느냐"(마 20:15, 개역개정)라는 포도원 주인의 말처럼 요나는 하나님의 선하신 행위를 악하게 보았다. 그리고 분노하였다. 이것이 요나 콤플렉스의 증상이다.

이런 요나 콤플렉스에 대한 처방은 하나님이 너무 선하신 분이라는 사실을 겸손히 받아들이는 것뿐이다. 부모들의 선한 행동이 철없는 아이들에게는 불만의 요소가 될 때가 많다. 우리도 하나님 앞에서는 어린아이와 같을 때가 많다. 하지만, 분명한 것은 우리가 보는 세상이 전부가 아니라는 것을 알아야 한다. 하나님은 우리가 보지 못하는 것도 보고 계신다. 우리가 전혀 알지 못하는 미래의 그림까지도 다 보고 계신 전지전능하신 분이다. 어떤 상황 가운데서도 누가 뭐래도 이 사실을 우리는 받아들이고 인정해야 한다.

사람은 자기라는 울타리 안에 갇히면 위험해진다. 자기 생각에만 사로잡혀 있으면 하나님의 음성을 들을 수 없고 영적인 분별력이 현저히 떨어지는 법이다. 내 뜻, 내 생각, 내 체면, 내 미래 등을 앞세울 때 우리는 잘못된 결정을 내릴 수 있다. 욥기가 잘 보여 주듯이 우리 인생에 대한 계획과 시나리오는 하나님이 우리보다 더 잘 알고 계시고 하나님은 모든 것을 합력하여 선을 이루어 가신다.

함께 울고 공감할 수 있는 한 사람을 찾으신다

요나가 요나 콤플렉스에 걸린 결정적인 이유는 바로 영혼

춤추는 고래는 행복하다

을 향한 하나님의 긍휼을 마음으로 공감하지 못한 데 있다. 그의 마음 속에 하나님의 긍휼하심이 있었다면 그는 하나님의 결정에 분노하지 않았을 것이다.

아브라함 조슈아 헤셀(Abraham Joshua Heschel)은 예언자를 가리켜 '하나님의 정념'(pathos)에 공감하는 이들이라고 말한다. 예언자 요나는 그렇지 못했다. 요나는 1장에서와 같이 머리로는 하나님에 대해 잘 알았다. 하나님은 은혜로우시고 자비로우시고 노하기를 더디하시고 인애하시며 뜻을 돌이켜 재앙을 내리지 아니하시는 분이라는 사실을 성경을 통해 잘 알고 있었다. 하지만 그는 그런 하나님을 진정으로 알지 못했다. 그의 신학은 올발랐지만, 삶에 영향을 미치지 못하는 죽은 신학이었던 것이다.

요나의 문제는 신학의 문제가 아니라 마음의 문제였다. 그의 마음은 하나님의 긍휼의 마음이 아닌 교만과 자기 의와 편협한 국수주의로 가득차 있었던 것이다.

요나서는 요나를 향한 하나님의 질문으로 끝이 난다.

주님께서 말씀하셨다. "네가 수고하지도 않았고, 네가 키운 것도 아니며, 그저 하룻밤 사이에 자라났다가 하룻밤 사이에 죽어 버린 이 식물을 네가 그처럼 아까워하는데, 하물며

좌우를 가릴 줄 모르는 사람들이 십이만 명도 더 되고 짐승
들도 수없이 많은 이 큰 성읍 니느웨를, 어찌 내가 아끼지 않
겠느냐?" 욘 4:10-11

니느웨 백성들을 보실 때 하나님은 그들의 죄악도 보시지
만 그들 안에 있는 당신의 형상을 함께 보신다. 그리고 당신이
직접 창조하신 무죄한 수많은 각종 짐승들도 보신다. 참새 한
마리가 땅에 떨어지는 것까지도 돌보시는 세심하신 하나님이
아니신가?

요나서는 "어찌 내가 아끼지 않겠느냐?"라는 질문으로 끝
이 난다. 이 질문은 요나와 더불어 우리에게도 적용된다. 하나
님이 우리의 대답을 기다리고 계신다.

이스라엘의 원수 나라인 니느웨를 긍휼히 여기신 하나님
은 니느웨 같은 우리를 구원하시기 위해 불순종하는 요나와는
다르게 순종하는 당신의 독생자 예수 그리스도를 우리에게 보
내셨다. 예수님은 아버지의 그 긍휼하심으로 자기 백성을 바
라보셨고 오병이어로 굶주린 자신의 백성들을 먹이셨고 병든
자를 치유해 주셨고 마침내 죽기까지 하나님에게 순종하셔서
십자가에서 모든 죄를 용서하시고 심판받아 마땅한, 니느웨
같은 우리를 구원해 주셨다.

춤추는 고래는 행복하다

"어찌 내가 아끼지 않겠느냐?"라고 말씀하신 하나님은 원수된 세상을 이처럼 사랑하사 독생자를 주셨다. 요나서에 나타난 오래 참으시고 아무도 멸망에 이르지 않기를 원하시는 하나님의 진심을 예수 그리스도의 십자가에서 클라이맥스로 본다. 요나는 불순종했지만 예수님은 순종하셨다. 요나는 하나님 마음에 공감하지 못했지만 예수님은 그 아픔에 공감하셨다. 니느웨 백성들을 "아낀다"고 한 부분을 원어로 보면 "눈물을 흘린다"는 의미다.

같은 니느웨 땅을 바라보는 하나님과 요나의 차이는 시각의 차이였다. 요나의 눈에 분노가 들어 있었다면 하나님의 눈에는 눈물이 고여 있었다. 한 영혼을 향한 하나님의 긍휼의 풍성함과 부피와 넓이를 요나는 머리로는 알고 있었는지 몰라도 마음으로는 전혀 공감하지 못하고 있었던 것이다.

박넝쿨과 같이 자기를 만족시켜 주는 아주 일시적인 물질적인 편안함에 기뻐하면서도 잃어버린 영혼을 향한 하나님의 마음을 함께 느끼고 공감하지 못하고 살아가고 있지는 않은가? 하나님이 주신 직장, 학교, 가족, 교회, 삶의 풍요로움 등으로 우리는 기뻐한다. 하지만 정작 눈물로 영혼들을 바라보시는 하나님의 긍휼이 우리에게 없다. 내 마음을 만족시키는 일에만 기뻐하고 하나님이 하시는 일에 대해서는 별로 관심이 없다. 내 피곤함을 달래 줄 박넝쿨만 있으면 그만이다.

　하나님은 함께 눈물 흘릴 수 있는, 하나님 마음을 공감할 줄 아는, 당신의 마음에 합한 자를 찾고 계신다. 박넝쿨과 같이 하루아침에 시들어 버리는 일시적인 것으로 기뻐하고 만족하지 않고, 잃어버린 영혼을 향한 주님의 눈물을 회복하면 좋겠다.

오늘의
기도

하나님이 세상을 이처럼 사랑하사
독생자를 보내신 그 사랑은
우리의 삶을 공감하시고 긍휼히 여기신
눈물임을 깨닫습니다.
하나님 아버지의 마음을 공감하며
한 영혼을 긍휼히 여기는
그 사랑으로 살아가기를 소망합니다.

내 뜻대로 안 되는 세상에서 은혜로 살기

이와 같이 꼴찌들이 첫째가 되고, 첫째들이 꼴찌가 될 것이다." (마 20:16)

영화 "미나리"는 1980년대 미국으로 이민 온 가정의 이야기를 현실감 있게 잘 그린 영화이다. 영화 마지막 무렵에 갈등이 고조된 부분에 이르러서 부부가 나누던 대화가 마음에 아직도 남아 있다. 영화 중간에도 자주 "이게 다 우리 가족을 위한 거야"라고 소리 치던 남편은 우여곡절 끝에 돈을 많이 벌 수 있는 기회를 얻게 된다. "이제 다 됐어"라며 희망 섞인 말을 아내에게 한다. "돈만 벌면 이제부터 우리 아무 문제 없이 살 수 있어." 남편이 말하자, 아내는 결혼할 때 남편과 했던 약속, "우리 미국 가서 서로를 구원해 주자"라고 했던 약속을 떠올리면서 남편의 말에 이렇게 되묻는다.

"그러니까 당신 말은 우리가 서로를 구원해 줄 수는 없지만 돈은 구원해 줄 수 있다? 지금은 괜찮은지 몰라도 앞으로 그렇게 살 자신이 없어. 우리가 앞으로 어떻게 될지 뻔한데 당신만 믿고 버티기엔 지쳤어."

이민 와서 어떻게든 정착하려고 애쓰는 부부들에게서 흔히 볼 수 있는 풍경이다.

이민을 구원과 연결한 부분이 인상적이다. 한국으로부터의 탈출이 '출애굽기'라면 미국에 정착하는 것은 젖과 꿀이 흐르는 가나안 땅에 이르는 구원인 셈이다. 소위 아메리칸 드림을 품고 자신의 삶을 스스로 구원하기 위해 이민 온 전형적인 한국 이민 가정의 이야기이다.

하나님이 나를 구원하셨다

영화 속에서 가난에서부터 탈출하고자 하는 소망, 좀 더 나은 환경과 삶을 추구하는 사람들의 모습 속에서 우리는 구원에 대한 사람들의 갈망을 본다. 젊은 세대 사이에서 부는 주식 열풍이나 벤처 사업을 꿈꾸는 것도 다 스스로를 구원하고픈 갈망에서 비롯된 것이다. 미래에 대한 불안감과 두려움을 이겨 내려는 인간의 모습이다. 스스로를 구원하려고 애쓰는 사람들의 모습. 부부는 서로가 서로에게 구원자가 되어야 한다는 강박관념을 은연중에 가지게 된다.

자녀가 생기면 어떨까? 부모는 자녀에게 구원자가 되어 주어야 한다는 부담감을 갖는다. 소위 메시아 콤플렉스에 걸리는 것이다. 이민자가 자녀 교육에서 가지게 되는 부담은 한국에 있는 부모들보다 더할 수도 있을 것이다. 그래서 많은 이민자들은 자녀를 좋은 대학에 보내는 것을 부모로서 최고의 사명으로 여긴다.

물론, 책임지는 삶과 구원하는 삶의 경계는 모호하다. 어디까지가 부모의 책임이고 어디까지가 하나님의 책임인지 부모들은 늘 헷갈린다. 어디까지 하나님에게 자녀를 맡기고 어디까지 부모로서 책임져야 하는 건지 늘 질문한다. 가정마다 형편들이 다 다르니 어차피 모범답안은 없다. 이렇게 부모의 길이 쉽지 않으니 그리스도인 부모들은 결국 하나님 앞에 무릎 꿇을 수밖에 없다.

예수님의 포도원 품꾼을 고용하는 주인의 비유는 영화 미나리와 맞닿아 있다. 이 비유도 구원의 이야기다. 제일 일찍 아침 6시에 온 사람들은 자신을 품꾼으로 불러 준 주인에 대한 감사함으로 일을 시작했다. 어쩌면 제일 먼저 선발된 것이 너무나 행운이라 여겼을 것이다. 한 데나리온이라는 일당에 대

춤추는 고래는 행복하다

한 약속을 받고 일하기 시작하던 그 출발에는 기쁨과 감사가 있었을 것이 틀림없다.

하지만 시간이 흐르면서 그 마음이 변한 것 같다. 자신을 불러 준 것만도 감사하던 마음에서 노동자들의 일당을 계산하는 주인 노릇을 하는 마음에까지 이르고 말았다. 자신의 삶을 구원해 준 주인에 대한 감사가 어디론가 사라져 버리고 말았다. 이 품꾼에게 주인은 더는 고마운 사람도 중요한 사람도 아니었다. 그저 자기한테 대가를 지불해야 하는 사람이었다. 아버지 집을 나간 탕자도 유산만 챙기면 되는 거였고, 집 안에 있는 또 다른 탕자 맏아들도 살진 송아지와 돈에 더 관심이 있었던 모습을 떠올리게 한다.

품꾼이나 탕자나 맏아들이나 다 자신이 삶의 주인이 되어 있다. 돈이 자신의 삶을 구원해 줄 거라고 굳게 믿고 실제로 그렇게 행동하며 살고 있다. 사람은 결국 믿는 대로 사는 거니까, 이들은 자기 자신과 돈을 믿고 살았다고 해도 과언이 아니다.

아침 6시에 온 품꾼들에게 있었던 처음 마음, 감사가 원망으로 자라나는 데 걸린 시간은 고작 하루도 채 되지 않았다. 요즘으로 치자면 감사함으로 출근했다가 원망으로 퇴근하는 장면이다. 아침에 큐티하고 출근할 때는 '맞아, 내 삶의 주인은 주님이지, 내가 출근하는 직장의 주인도 우리 사장님이 아니라 주님이시지' 생각한다. 하지만, 정작 치열한 경쟁이 펼쳐지는 직장 속에서 나에게 돌아오는 베네핏이 조금이라도 손상되면 생각과 행동이 달라진다. 심지어 사장님에게 "우리 회사는 이렇게 불공평하다니까요"라며 원망을 늘어놓는다.

누가 자기 인생을 구원하겠는가

우리는 여전히 지독하게 자기 중심적이다. 우리가 원하는 구원과 예수님이 원하시는 구원은 너무나 다르다. 결국 우리는 말로는 주님이 나의 주인이라고 "주여, 주여" 말하지만 여전히 내가 삶의 주인이 되어 스스로를 구원하려고 안간힘을 쓰는 것이다.

스스로를 구원하려고 애쓰는 사람은 퇴근 한 시간 전에 출근해서 딱 한 시간만 일하고도 자신과 동일한 주급을 받는, 같은 직급의 동료를 받아들일 수 없다. 결국, 예수님이 말씀하신 천국 비유인 포도원 품꾼 이야기는 '우리 인생을 우리가 구원할 수 없다, 우리 인생의 주인은 따로 있다' 라고 하는 기독교의 근본 진리를 가르쳐 주고 있다.

사실 이 비유는 예수님이 불특정 다수에게 하신 말씀이 아니라 열두 제자에게 하신 비유이다. 앞으로 제일 열심히 일할

춤추는 고래는 행복하다

오전 6시에 온 사람들이 바로 열두 제자인 것이다. 이 비유의 컨텍스트는 베드로의 질문에 대한 대답이기도 하다. "가서 네 소유를 팔아서, 가난한 사람에게 주어라.… 그리고, 와서 나를 따라라"(마 19:21)는 예수님의 명령에 근심하며 돌아가던 부자 청년의 모습을 바라보며 베드로를 비롯해 제자들은 몹시 충격을 받았다. 저런 엄친아 같은 종교 모범생이 구원받지 못하면 도대체 누가 구원받을 수 있다는 말인가? 이 질문에 대해 예수님은 유명한 대답을 하셨다.

> 예수께서 그들을 눈여겨보시고, 말씀하셨다. "사람은 이 일을 할 수 없으나, 하나님은 무슨 일이나 다 하실 수 있다."
>
> 마 19:26

구원은 철저하게 하나님의 영역임을 시사해 주신 장면이다. 이 말씀에 베드로는 자기가 구원받았다는 안도의 한숨을 내쉰 것 같다. 그리고 이제 우리는 예수님의 제자가 되어 천국의 '화제의 인물'이 됐는데 구원 이후 어떤 보상이 있느냐는 식으로 예수님에게 질문한다. "예수님, 우리는 모든 걸 버리고 예수님을 쫓았는데, 그러면 우리가 누릴 베네핏 패키지는 뭡니까? 건강보험? 보너스? 휴가? 천국 베네핏 패키지는 뭐에요?"

그러자 예수님이 이렇게 대답하셨다.

예수께서 그들에게 말씀하셨다. "내가 진정으로 너희에게 말한다. 새 세상에서 인자가 자기의 영광스러운 보좌에 앉을 때에, 나를 따라온 너희도 열두 보좌에 앉아서, 이스라엘 열두 지파를 심판할 것이다. 내 이름을 위하여 집이나 형제나 자매나 아버지나 어머니나 자식이나 땅을 버린 사람은, 백 배나 받을 것이요, 또 영원한 생명을 물려받을 것이다. 그러나, 첫째가 된 사람들이 꼴찌가 되고, 꼴찌가 된 사람들이 첫째가 되는 경우가 많을 것이다." 마 19:28-30

"인자가 자기의 영광스러운 보좌에 앉을 때"라는 말씀은 다니엘서 7장 13-14절을 인용한 표현이다. 메시아되신 예수님의 다스리심을 의미한다. 그리고 열두 제자가 이스라엘 열두 지파를 다스린다는 건, 교회를 통해 예수님이 펼쳐 나가실 새로운 시대에 대한 말씀이다. 가족과 땅을 버린 사람들이 백 배를 받는다는 건, 제자들 개개인이 받게 될 백 배의 축복을 말씀하고 있는 것이 아니라, 확대된 새로운 가족인 교회 공동체 사람들을 더 많이 얻게 된다는 말이다. 그리고 영원한 생명, 영생을 상속받게 된다는 건, 말 그대로 구원을 받게 된다는 말이다.

그런데, 여기서 "그러나"라는 반전이 나온다. 첫째 된 자들이 꼴찌가 되고 꼴찌가 된 자들이 첫째가 되는 역전에 대해서 말씀하신 것이다. 이 말씀은 포도원 주인의 비유 마지막에 한 번 더 나온다. 보통 이런 구조를 문학적으로는 인클루지오(inclusio)라고 부른다. 쉽게 말하면 샌드위치 구조로 머리말과 끝말 사이에 무언가를 넣는 식을 말한다. 샌드위치 안에 든 이 비유는 앞과 뒤에 배치된 메시지를 부각시키는 예화가 되는 셈이다.

결국 첫째와 꼴찌의 역전은 보상을 위한 신앙생활, 보상을 기대하고 한 희생과 헌신의 끝은 원망뿐이라는 걸 비유로 말씀해 주신 것이다. 천국 가기 위한 신앙생활, 축복받기 위한 신앙생활, 소위 기복주의 신앙생활은 우리 삶을 너무 초라하게 꼴찌로 만들어 버린다는 것이다.

무엇 하나 내 뜻대로 할 수 없는 것이 인생이다

하나님이 좋아하시는 사람의 기준에는 탁월하다거나 그렇지 않다거나 하는 기준이 없다. 눈에 보이는 사역의 열매, 인생의 결과물들을 많이 남긴 사람을 통해 더 큰 영광을 받으시는 분이 아니기 때문이다. 하나님은 일찍 부름받았든 늦게 부름받았든 시간에 상관없이 부르신 곳에서 받은 은혜를 잊지 않고 감사하면서 끝까지 신실하고 겸손하게 살아가는 사람들을 기뻐하신다.

참된 예배자는 열렬하게 예배하는 사람이 아니라 감사함으로 예배하는 사람이다. 은혜를 잊지 않고 그저 감사하다는 말씀 밖에 드릴 것이 없는 사람이 진정한 예배자다. 하나님에게 "제가 '노오력'한 것만큼 주셔야 합니다" 하면서 따지고 드는 사람이 아니라, 이미 너무 많은 것을 주셔서 감사하다고 고백할 줄 아는 사람이 진정한 예배자다.

아침 6시에 와서 하루 종일 일한 사람이 화가 난 이유는 간단하다. 퇴근 한 시간 전, 오후 5시에 온 사람에게 하나님이 너무나 관대하게 대해 주셨기 때문이다. 집으로 돌아온 탕자 동생때문에 첫째 형이 화가 난 이유는 아버지가 동생에게 너무 성대하게 파티를 차려 주셔서다. 아이러니컬하게도 둘 다 화를 낸 이유는 하나님이 너무 파격적으로 관대하신 분이어서다.

결국, 아침 6시에 온 사람들이나 첫째 아들은 하나님의 은혜가 어떤 것인지 전혀 모르고 있었다. 은혜는 원래가 불공평한 것이다. 천국은 불공평한 세상이다. 하나님이 우리를 공평하게만 대우하신다면 아무도 구원받지 못한다. 은혜는 애초에 자격 없는 자에게 주어지는 선물이지 않은가? 내가 자격이 있어서 받는 보상이 아니다.

구원은 우리의 노력에 대한 대가가 아니다. 구원은 자격 없는 죄인인 우리가 하나님으로부터 거저 받은 파격적인 은혜인 것이다. 우리가 교회 사역을 열심히 하다가도 지치고 번아웃이 되는 이유도, 직장생활에 흥미를 느끼지 못하는 이유도, 결혼생활에 만족하지 못하는 이유도, 자녀때문에 골치가 아픈 이유도, 사실은 모두가 내가 내 삶을, 배우자를, 가정을 구원하려고 하기 때문이다. 쉽게 말하면 모든 게 내 마음대로 내 뜻대로 되기를 원해서인 것이다.

영화 미나리의 부부처럼 사랑해서 결혼했지만 살아갈수록 처음 가졌던 배우자에 대한 고마움으로부터 점점 멀어져 결국 원망에까지 이를 수 있듯이, 우리도 우리 신랑되신 예수님에게 그럴 수 있겠다 싶다.

주님에 대한 우리의 사랑의 8할은 감사이다. 우리에게 어느날 갑자기 다가왔던 코로나 팬데믹은 우리의 야무진 계획들을 모두 산산조각 내었다. 우리의 계획이라는 것이 하루아침에 물거품이 될 수 있다는 사실을 깨닫게 해 주었다. 우리의 꿈, 우리의 비전, 우리의 계획보다 훨씬 더 소중한 게 있다는 사실을 우리는 마스크를 쓴 채로 배웠다. 숨 쉬는 것 하나조차 우리 맘대로 할 수 없다는 사실, 우리가 과연 먼지로부터 빛어진 존재라는 사실을 겸허하게 인정해야만 하는 시간 속에서 살았다. 설마 벌써 잊지는 않았으리라.

앤드류 머레이(Andrew Murray)가 《겸손》이라는 책에서 말했 듯, 우리가 애초에 먼지였고, 더 나아가 하나님을 반역했던 대역 죄인이라는 사실 이 두 가지만 잊지 않는다면, 우리는 겸손하게 살아갈 수 있을 것이다. 천국의 주인공이라고 하신 어린 아이들처럼 나의 작음을 알고 주님의 크심을 알아 작은 것에도 감사할 줄 알면 좋겠다. 돈 받을 시간만 따지면서 고생고생하며 일하는 품꾼이 아니라, 부르심 받은 구원의 은혜를 기억하며 감사함으로 일해서 시간 가는 줄 모르고 일하는 천국의 기쁨을 누리며 살면 좋겠다. 그런 착하고 충성된 종으로 오늘 하루도 살고 싶다.

춤추는 고래는 행복하다

오늘의
기도

경쟁구조가 가져온 피로사회, 예민사회 속에서
은혜의 원리가 작동하는 삶을 살아가기 원합니다.
주님이 주신 은혜 때문에 내 개인의 보상만
따지고 드는 삶이 아니라, 가정과 교회와 직장에서
공동체 의식을 가지고 넉넉하게 베풀며
은혜를 누리는 삶이 되길 소망합니다.

'당연'의 반대말, '감사'로 살아가기

주님께 감사하여라. 그는 선하시며 그 인자하심이 영원하다. (시 136:1)

남편이 아내한테 잘하는 것이 아내로서는 당연하고, 아내가 남편에게 잘해 주는 것이 남편으로서는 당연하다. 남친이 여친의 생일 챙겨 주는 것이 당연하고, 아이가 키가 자라는 게 당연하고, 매월 30일마다 월급이 내 은행으로 따박따박 자동이체되는 게 당연하다. 한국 사람으로 태어나 한국말을 잘 하는 게 당연하고, 결혼하면 아이가 태어나는 게 당연하다.

그런데 이런 당연한 게 없는 사람들이 많다. 잘해 줄 여친이 없고 키가 자랄 아이가 없다. 매달 들어와야 하는 당연한 월급이 끊겼다. 한국 사람이지만 어려서부터 말을 할 수 없는 장애를 안고 살아가기도 한다. 우리가 지금까지 살아 온 세월들을 돌이켜 보면서도 우린 어쩌면 '그거 당연한 거 아니야?'라고 생각할는지도 모르겠다. 우리가 무언가를 당연한 걸로 여기면 그 당연함에 익숙해진다. 그리고 그 익숙함이 길어질수록 우리는 당연한 것들에 서서히 중독된다. 잘 알다시피 일단 무언가에 중독이 되면 그 중독에서 벗어나는 것은 여간 어려운 일이 아니다.

나도 17년간의 우리교회 목회를 돌아보면 참 많은 것을 당연한 걸로 여겼던 것 같다. 새가족이 끊임없이 오는 것, 끊임없이 청년들이 결혼하는 것, 계속해서 아기들이 태어나는 것, 각 사역팀이 존재하는 것, 리더와 순장이 세워지는 것. 이 모든 걸 당연한 걸로 여겨 왔던 것 같다. 코로나 펜데믹이 오기 전까지만 해도 말이다. 코로나는 우리에게서 이 모든 당연을 한순간에 다 빼앗아 가 버렸다. 우리는 완전히 달라져 버린 일상을 살아야만 했다. 당연한 것이 더이상은 당연한 것이 아닌 세상을 경험했다. 당연의 반대말이 당연하지 않음이 아니라 감사임을 배웠다.

내 구원은 당연하지 않았다

시편 136편은 감사의 시로 총 스물여섯 번의 감사가 나온다. 스물여섯 개 절은 모두 동일한 구조로 되어 있다. 시편 기자가 감사의 조건을 하나하나 말하고 나서 마지막에 감사의 이유를 말하는 식이다. 앞부분에는 하나님이 무슨 일을 하셨나를 노래하고 뒷부분은 하나님이 왜 그 일을 하셨나를 노래한다. 앞 구절은 다 다른데 뒷 구절은 다 똑같다. "그 인자하심이 영원하다"이다. 원문의 뉘앙스를 더 살린다면 "그 인자하심이 영원하기 때문이다(For His love endures forever)"이다. 감사의 이유가 궁극적으로는 결국 이 한 가지라는 거다.

감사의 절대적인 이유. 그 인자하심이 영원하신 하나님은 우리의 창조주이시고 구원자이시고 공급자이시다. 시편에는 창조자 하나님에 대한 찬양들이 많다. 하나님의 정체성은 창조자이시다. 우리의 정체성은 피조물이다. 죄인이라는 정체성 이전에 우리 모두는 지음받은 피조물이다. 세상 만물과 나를 지으신 분이 있다는 사실을 인정하고 기억하는 것은 아무리 강조해도 지나치지 않다. 나를 낳아 주신 부모님이 있듯이 나를 어머니의 모태로부터 지으신 창조자가 있다는 사실을 기억하는 것은 너무나 중요하다.

매일 아침이면 어김없이 떠오르는 태양, 태양이 물러갈 무렵 떠오르는 달은 아무리 인간의 과학기술이 발전한다고 해도 인간이 결코 만들 수 없는 것들이다. 물을 퍼 올리는 기계는 만들 수 있어도 마실 물은 만들 수 없고, 산소호흡기는 만들 수 있지만 모든 인류가 호흡할 수 있는 공기를 만들 수 없다. 비행기를 만들 수는 있지만 하늘 자체는 만들 수 없고, 소금물은 만들 수 있지만 바닷물은 만들 수 없다. 장식나무를 만들 수는 있지만 씨앗을 만들 수 없고, 조화를 만들 수 있지만 생화를 만들 수 없다. 복제인간을 만들 수 있을는지 몰라도 사람의 영혼을 만들 수는 없다.

그렇다면 사실 모든 인간의 발명은 사실상 발명이 아니라 발견에 지나지 않는 것 아닌가? 이미 만들어진 하나님의 원작을 모방했을 뿐 그 어느 것도 인간의 원작은 없다. 모든 피조물의 제 1 원인은 하나님이시라는 사실을 창세기 1 장 1 절은 장엄한 목소리로 선포하고 있다.

태초에 하나님이 천지를 창조하셨다. 창 1:1

하지만 안타깝게도 여전히 많은 사람이 창조주를 더이상 기억하지 않고 마치 창조주가 없는 것처럼 살아간다. 로마서 1장 말씀처럼 창조주보다도 피조물을 더 경배하고 감사치 않는 말세를 살고 있다. 하나님을 영화롭게 하지 않음과 감사치 않음으로 인해서 이 세상은 무질서한 불의의 상태로 빠져 버렸다. 피조물을 조물주보다 더 경배하고 섬기게 되면서 이 세상은 악하고 음란해져 버렸다. 이런 세상의 헛된 문화의 도전 앞에 놓인 젊은이들에게 최고의 지혜자인 솔로몬은 전도서에서 창조주를 기억할 것을 이렇게 권면한다.

젊을 때에 너는 너의 창조주를 기억하여라. 고생스러운 날들이 오고, 사는 것이 즐겁지 않다고 할 나이가 되기 전에, 해와 빛과 달과 별들이 어두워지기 전에, 먹구름이 곧 비를 몰고 오기 전에, 그렇게 하여라. 전 12:1-2

하나님은 창조자이시면서 동시에 구원자이시다. 시편 기자는 하나님이 이스라엘에게 베푸신 구원을 구체적 사건을 기록하면서 노래한다. 애굽의 장자를 치는 마지막 열 번째 재앙을 이야기하면서 유월절 밤의 구원을 추억한다.

그들은 애굽에서 400년 동안이나 종살이하는 고통받는 시절을 보냈고 마침내 하나님의 구원을 받아 출애굽하게 되었다. 홍해를 가르시고 광야의 대적들을 물리치시며 구원해 주신 일을 찬양하고 있다. 각 나라 왕들의 이름을 기록함으로써 그 역사적 사실을 입증한다.

이 출애굽은 이스라엘 스스로의 힘으로 된 것이 아니다. 오

춤추는 고래는 행복하다

직 하나님의 자비하심과 어린 양의 피의 은혜로부터 출발하여 모든 대적을 물리치시는 승리로 구원을 마무리하셨다.

하나님이 이 땅에서 하시는 가장 중요한 사역은 자기 백성을 죄와 사망에서 구원하는 일이다. 그래서 결국 유일한 구원자 예수가 이 땅에 오셨다. 예수의 이름의 뜻이 무엇인가? '자기 백성을 저희 죄에서 구원할 자'라는 뜻이다.

깊은 물에 빠진 자는 구원이 필요하다. 마찬가지로 죄에 빠진 자는 구원이 필요하다. 인간 스스로 구원이 가능했다면 예수님이 이 땅에 육신의 몸을 입고 오실 이유가 없었을 것이다. 신이 인간의 몸을 입고 오는 크리스마스의 기적을 보며 우리는 구원자의 탄생을 기뻐한다.

예수님의 십자가 구원과 부활로 인한 새 하늘과 새 땅에 대한 소망은 우리가 부르는 새 노래의 영원한 주제이다. 십자가의 구원의 은혜 외에도 어려운 형편으로부터, 죄와 사망으로부터 우리를 구원해 주시고 자유케 해 주셨던 수 많은 지난 날의 일들을 한번 떠올려 보자. 지금의 고난만 묵상하지 말고 지난 날의 구원을 묵상하면 좋겠다.

당연함의 중독에서 벗어나라

하나님은 창조자와 구원자이실 뿐만 아니라 공급자이시다. 하나님은 광야에서 자기 백성들에게 만나를 매일같이 공급해 주셨고 마침내 가나안이라고 하는 약속의 땅을 기업으로 공급해 주셨다. 그곳에서 이스라엘은 심지 않은 나무에서 열매를 따 먹게 되고 짓지 않은 집을 얻게 되었다. 마치 에덴동산을 연상케 하는 젖과 꿀이 흐르는 약속의 땅으로 하나님은 그들을 인도하셨다. 마찬가지로 하나님은 우리를 구원하실 뿐만 아니라 우리가 얻을 수 없는 것들을 공급해 주시는 여호와 이레의 하나님, 준비하시고 공급하시는 하나님이시다.

사람들에게는 모두 광야 시절이 있다. 나도 가난한 유학생활 시절, 통장 잔고가 바닥나거나 간당간당해서 근심하던 시절이 몇번 있었다. 그런 광야 같은 시간을 통과하고 지금 이렇게 살고 있다는 건 하나님의 인자하심이 영원하기 때문이다. 하나님이 당신의 헤세드로 나를 먹이고 입히셔서 여기까지 인도하셨다.

신앙생활의 적은 당연함에 중독되는 것이다. 반면에 신앙생활의 보약은 감사이다. 감사가 하나님을 영화롭게 한다. 미국 심리학자 멜로디 비티(Melody Beattie)가 감사에 대해 이런 말을 했다.

"감사는 풍성한 생명을 여는 열쇠이다. 감사는 현재 가지고 있는 것을 충분히, 아니 더 많이 느끼게 한다. 부정을 수용으로 바꾸고, 혼돈을 질서로, 혼란을 명쾌함으로 돌려 세운다. 한 끼 식사를 풍족한 잔치로, 평범한 집을 오순도순 정이 흐르는 가정으로, 나그네를 친구로 바꾼다."

오늘 밤 잠들기 전 나의 시편 136편을 써 보는 것은 어떨까? 지난날 내가 당연하게 여겼던 것들, 하지만 알고 보니 그것이 감사였다는 내 삶의 이야기를 담은 시를 적어 보는 것이다. 구체적인 사건을 기록해 보자. '감사 시 챌린지'를 해 보면서 당연함의 중독에서 벗어나 감사가 더 풍성한 삶을 누리면 좋겠다.

오늘의
기도

당연함의 중독에서 벗어나 감사로 살아가기 원합니다.
주님의 선하심과 인자하심이 영원함으로 인해
감사하기 원합니다.
창조자, 구원자, 공급자이신 주님이
내 삶에 베풀어 주신
모든 것들을 기억하며 감사드립니다.

Day 21

주어진 오늘을 후회 없이 살아가기

'오늘'이라고 하는 그날그날, 서로 권면하여, 아무도 죄의 유혹에 빠져 완고하게 되지 않도록 하십시오. (히 3:13)

투견장에서 늘 지기만 하는 언더독도 어느 날엔 싸움에서 이길 수 있을까? 계란을 던져 바위를 깨뜨릴 수 있을까? 말콤 글래드웰(Malcolm Gladwell)은 그의 책《다윗과 골리앗》에서 이것이 가능하다고 말한다. 기존의 법칙을 거부하고 완전히 다른 창조적 시각으로 바라보면 새로운 룰이 보인다는 것이다.

말콤은 성경 속 잘 알려진 이야기인 "다윗과 골리앗"을 통해 약자가 강자를 어떻게 이기는가 하는 것을 여러 가지 사례들을 들면서 주장한다. 우리는 골리앗 앞에서 벌벌 떨던 이스라엘 백성들처럼 거인과의 싸움에서 당연히 거인이 이길 것이라고 가정한다. 하지만 말콤은 그것이 잘못된 통념이라고 말

춤추는 고래는 행복하다

한다.

역사학자 이반 아레귄-토프트(Ivan Arreguin-Toft)의 연구에 의하면 강대국과 약소국의 전투에서 약소국이 이길 확률은 28.5퍼센트라고 한다. 그런데 베트남의 게릴라전처럼 강대국의 룰을 따르지 않고 다르게 접근한 전투에서는 약소국의 승률이 63.6퍼센트까지 올라간다고 한다. 작고 약하다고 무조건 불리한 것은 아니라는 거다. 기득권의 룰을 깨고 역사의 수레바퀴를 돌리는 사람은 불리한 조건에 놓였던 약자들이다.

용기는 무모함이나 객기가 아니다

말콤도 지적하듯이, 우리가 주일학교 때부터 혹은 수많은 설교에서 그동안 들어 왔던 다윗과 골리앗의 이야기는 사실 여러가지 오해를 많이 불러 일으켰다. 우선은 다윗이 골리앗과의 전투에 나선 것은 얼토당토 않은 도전을 한 것이 아니다. 다윗이 약자를 대표하는 사람으로 많이 그려지기는 하지만 사실 꼭 약자라고만 볼 수도 없다. 왜냐하면 다윗도 싸움의 기술을 충분히 보유한 사람이었기 때문이다. 사울도 그의 이야기를 듣고 골리앗과의 일대일 결투 현장에 그를 내보냈던 걸 보면, 다윗의 도전에는 나름의 설득력이 있었다는 걸 알 수 있다.

그 설득력은 무엇이었을까?

우선 다윗은 비록 군사로서 전투에서의 실전 경험은 없지만 그와 유사한 경험들이 많았다. 다윗은 양치기 소년으로서 사자와 곰을 죽인 경험이 있었다. 맹수 중의 맹수인 사자와 곰을 어린 소년 다윗이 어떻게 이길 수 있었을까? 바로 물맷돌 전술 때문이다.

다윗이 사용한 물맷돌은 새총 같은 장난감이 아니었다. 실제로 그가 사용한 것은 투석구(sling)로, 고대에는 전쟁 무기였다. 군사 전술로도 사용되었고, 투석병이 따로 있기도 했다. 앗시리아의 산헤립이 유다에 쳐들어왔을 때 이 투석병 부대를 앞세우고 왔다. 사사기, 역대상하, 열왕기하에도 보면 이스라엘의 투석병 부대에 대한 기록이 나온다. 이집트의 투탄카문의 무덤에도 이 투석구와 물맷돌이 발굴되었다. 투석구는 그리스와 로마 군인들에게 중요한 무기였고, 그들의 동전이나 벽화에서도 발견된다. 지금도 팔레스타인에서는 저항하거나 데모할 때 이 투석구를 사용한다.

그러니까 다윗은 잘 준비된 투석병 후보였던 셈이다. 입대만 안 했지 이미 그 어떤 투석병보다 더 정확한 실력자였던 것이다. 다윗은 사자나 곰을 잡을 때처럼 골리앗을 향해 달려갔다. 사울이 주었던 갑옷을 입지 않았고 몸에 사울의 칼도 안 찾

춤추는 고래는 행복하다

기 때문에 속도와 기동성이 있었다. 다윗은 골리앗의 신체에서 유일한 취약 지점인 이마를 노리고, 물매가 초당 6-7번 회전할 때까지 투석구를 세차게 돌렸다.

또, 다윗이 사용한 엘라 골짜기의 돌은 일반 돌과 다르다고 한다. 유산 바륨이라고 불리는 돌이다. 보통 돌의 두 배나 되는 밀도를 가지고 있는 굉장히 단단한 돌이다. 이스라엘 국방군의 탄도학 전문가인 에이탄 허시(Eitan Hirsch)는 최근 일련의 계산을 통해 전문 투석병이 35미터 거리에서 날린 보통 크기의 돌이 시속 122.4킬로미터로 골리앗의 머리를 맞힐 수 있다는 사실을 보여 주었다. 투석구로 발사된 돌은 요즘으로 치면 45구경 권총과 맞먹는 위력이라고 한다. 아주 치명적인 무기인 셈이다.

쉽게 말하면 다윗의 물맷돌은 골리앗의 두개골을 관통해서 의식불명에 빠뜨리거나, 심지어 죽이고도 남을 만한 위력이 있었다는 거다. 다윗에게는 여호와 신앙만 있었던 것이 아니라 평소 갈고닦은 실력도 있었다.

또, 한 가지 생각할 것은 골리앗은 보병이었고 다윗은 투석병이었다는 사실이다. 서로가 생각한 싸움의 방식이 달랐다는 말이다. 골리앗은 자기 같은 사람, 다시 말하면 힘센 보병이 이스라엘에서 나올 줄 알았다. 같이 근거리에서 몸싸움과 칼로 승부를 내려고 했던 것이다. 고대에는 세 종류의 전사가 있었다. 말이나 전차를 타는 기병, 걸어서 이동하는 보병, 그리고 요즘으로 치면 포병인 발사병이 있다. 발사병 중에서 활을 쏘는 궁수가 있고 물맷돌을 던지는 투석병이 있다. 골리앗은 보병이고 다윗은 투석병이었다.

무엇보다 재밌는 부분은 골리앗에 대한 의학적인 분석이다. 말콤은 1960년 "Indiana Medical Journal"(인디아나 의학 저널)을 인용하면서, 골리앗은 거인병이라고 불리는 선단 거대증이라는 질병을 앓았을 거라 추측한다. 역사적으로 유명한 거인들이 이 병을 겪은 사례가 많다.

이 선단 거대증은 몇 가지 부작용을 동반한다. 첫째는 시력에 관한 부작용이다. 뇌하수체 종양이 자라면서 두뇌 안의 시신경을 압박해서 복시나 근시를 갖게 된다고 한다.

골리앗이 전쟁하러 산에서 내려오는 모습을 보면 그가 선단 거대증에 걸린 것처럼 보이는 장면들이 많다. 방패 든 사람의 인도를 받아 산에서 내려오는 장면이나, 다윗에게 자기한테로 가까이 와서 싸우자고 자꾸 말하는 부분이 수상하다. 또 다윗은 손에 막대기를 하나 쥐고 있는데 골리앗이 "내가 개냐? 네가 막대기를 가지고 나한테 오느냐?"라고 말한다. 이때 한국어 성경은 "막대기"라고 단수로 번역했지만 원어나 영어성경

춤추는 고래는 행복하다

은 "you come to me with sticks"라고 해서 여러 개의 막대기를 들고 나오는 것처럼 말하고 있다. 골리앗이 복시와 근시가 있다는 걸 추측하게 만드는 부분이다.

결국, 다윗과 골리앗의 이야기는 무모한 도전과 하나님의 기적에 관한 이야기가 아니다. 용기는 무모함이나 객기와는 다르다. 바른 용기는 믿음과 실력에서 나온다. 비록 남들 눈에는 별볼일 없어 보이는 약자 같은 사람이라 할지라도 자신만의 실력으로 세상 앞에 당당히 맞서는 것이 진정한 용기다. 물론 실력은 저마다의 것이니까 절대적인 것은 아니다. 그러나 그리스도인들이 믿음만 있으면 된다는 식으로 이야기하면서 자신만의 고유한 실력을 키우지 않는 것은 잘못이다.

우리의 믿음은 맹목적인 것이 결코 아니다. 직장에서든 가정에서든 학교에서든 내 고유의 실력을 키워야 한다. 하나님이 나를 통해 일하시도록 믿음은 물론이고 실력도 함께 키워나가야 한다. 믿음도 실력도 하루아침에 되는 것은 아니다. 다윗은 사자와 곰을 잡을 수 있는 물맷돌 연습을 날마다 했다. 자기가 사랑하는 양들을 지키고 보호하기 위해 그렇게 했다. 그리고 나중에 이 목양적 리더가 이스라엘의 이상적인 왕이 되었다.

사울이 왕이 되어 하나님에게 불순종하는 과정과 다윗이

사무엘로부터 왕으로 기름 부음을 받고 행동하는 모습은 대조를 이룬다. 다윗은 왕이 되기도 전에 이미 하나님에 대한 신뢰를 바탕으로 용사에게 필요한 용기를 지니고 있고, 또 양치기로서의 소명의 자리를 충실하게 감당하는 충성스러움을 보여주었다.

부르신 자리에서 충실히 실력을 갈고닦으라

믿음과 함께 실력을 키워야 한다는 것이 한때 유행했던 고지론을 이야기하는 것은 아니다. 모든 그리스도인이 정상으로 올라가서 세상을 바꿔야 한다는 말이 아니다. 고지론이냐 미답지론이냐 혹은 내려놓음이냐의 선택을 이야기하는 것이 아니다. 자신이 서 있는 자리에서의 연습과 훈련을 말한다. 부르신 자리에서 충실하게 하루를 살아 내는 실력을 말한다.

하나님이 나중에 부르실 자리가 아니라 지금 부르신 자리에서의 '오늘의 최선'이 중요하다. 신앙생활은 내일로 미룰 수 없다. '오늘' 하는 것이다(히 3장 참조). 다윗은 자기가 미래에 이스라엘의 왕이 될 줄 알아서 양치기로서 목양에 최선을 다한 것이 아니다.

사무엘이 기름 붓기 전에도 그는 이새 집안에서 아무도 주

춤추는 고래는 행복하다

목하지 않는 막내였다. 하지만 그 자리에서 최선을 다해 사자와 곰을 때려 눕히는 용맹스럽고 충성스러운 삶을 살아가고 있었다. 다윗은 '오늘'을 살았던 신실한 양치기였다.

우리 그리스도인들에게 필요한 것은 오늘 여기에서 하나님 나라를 살아 내는 실력이다. 그래서 주님도 주기도문에서 "오늘 우리에게 일용할 양식을 주옵시고"라고 기도하라고 가르치셨다. 무엇보다 성실이라고 하는 것은 아무도 보지 않는 곳에서, 아무도 알아주지 않는 곳에서 자신을 속이지 않는, 하늘을 우러러 한 점 부끄럼없기를 원하는 모습이지 않은가?

소년 다윗은 믿음(faith)과 성실(faithfulness)을 동시에 갖춘 사람이었다. 하나님이 원하시는 사람이 바로 이런 사람이다. 신약에서 자주 쓰이는 헬라어 '피스티스'가 바로 이 믿음과 성실을 동시에 뜻한다. 다윗이 하루아침에 골리앗을 쓰러 뜨린 것이 아니다. 그저 운이 좋았던 것도 아니다. 매일의 삶의 현장에서 자신의 일에 최선과 충성을 다했던 시간이, 삶의 작은 전투에서의 승리가 결국 골리앗을 넘어뜨리는 큰 전투에서의 승리를 가져왔다.

사실 우리가 매일같이 치르고 있는 일상의 싸움은 지루하고 또 힘들고 별로 재미없는 것들이다. 목동으로서의 다윗의 삶이 그랬듯이 말이다.

사실 다윗 당시에 목동의 삶은 비천했다. 이스라엘은 이미 농경사회로 전환되어 있던 터라 목축은 주로 집안에서 서열이 낮은 사람에게 맡겨졌다. 사울은 농부 출신이지만 다윗은 목동 출신이다. 다윗은 자신의 직업이 남들 보기에는 천하고 아무 것도 아니었지만, 그 직업에 최선을 다했다.

그렇게 아무도 주목하지 않는, 존재감 1도 없는 이새의 막내 아들 다윗이 사무엘에게 왕으로 기름 부음을 받은 것이다. 하나님은 사무엘에게 외모를 보지 말고 중심을 보고 왕을 세우라고 말씀하셨다. 하나님은 다윗의 중심을 보셨다. 겉 사람이 아닌 속 사람을 보신 것이다. 다윗은 아무도 알아주지 않는 들판에서 하나님 앞에서 최선을 다하는 성실한 삶을 살고 있었고 하나님은 그 모습을 보고 계셨다.

하나님은 '오늘'을 살아가는 비천한 양치기 다윗을 선택하셨고 은혜를 베풀어 주셔서 왕으로 기름 부으셨다. 하나님은 비천한 목수의 아들을 선택하셨고 은혜를 베푸셔서 만왕의 왕으로 기름 부으셨다. 다윗의 아들 예수 그리스도, 한 영혼을 위해 물과 피와 땀을 쏟으신 그분의 성실함은 우리를 구원했다. '오늘'을 살아갈 이유를 발견하도록 만들어 주셨다. 가장 약한 자의 모습으로 이 땅에 오셔서 죽으신 예수 그리스도께서 약한 우리를 그분의 은혜 안에서 강하게 만드셨다. 세상을 믿음

춤추는 고래는 행복하다

으로 이기는 승리로 우리를 초대하셨다.

하나님이 우리에게 주신 믿음과 재능과 실력의 선물을 통해 그리스도의 승리를 이 땅에 선포하며 오늘 하루를 믿음으로 성실하게 살아 내자.

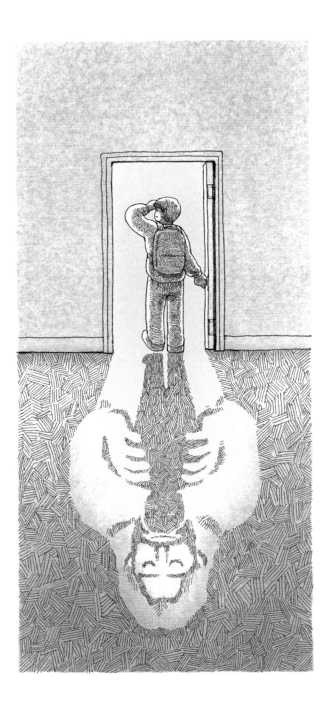

오늘의
기도

골리앗 같은 세상 속에서 물맷돌을 준비하고
당당히 세상 앞에 나서는
용기 있는 인생이 되기 원합니다.
내일이 아닌 오늘의 승리를 위해
오늘 하루 최선을 다하기 원합니다.
주님이 주신 은사와 재능을 갈고닦으며
주님의 영광을 위해 사용하기 원합니다.

하나님과 함께 춤을 추는 기쁨이
회복되기를 바라며…

딱 10년 전 일이다. 떨리는 마음으로《거북이는 느려도 행복하다》라는 청춘 에세이를 펴냈다. 목회를 하면서 책을 낸다는 것이 그렇게 힘든 일인지 몰랐다. 힘든 줄 알았으면 시작도 못했을 것이다. 그때만 해도 청년들에게 유행했던 키워드는 '헬조선, N포 세대' 등이었다. 난 청년들의 행복을 위해 글을 쓰고 싶었다. 그리고 그동안 청년들에게 했던 수많은 설교를 뒤적거리며 내용을 정리해 보았다.

어떤 분야든 정리와 편집은 역시나 어렵다. 중간에 포기하고 싶은 순간도 많았지만 끝까지 용기를 내어 수 개월 간의 대장정을 마무리할 수 있었다. 그리고 감사하게도 생각보다 많은 분이 그 책을 읽고 감사의 메시지들을 보내 주셨다. 글 쓰는 보람이 이런 거구나 하는 걸 실감했다.

사실 나는 전문 작가가 아니라 목회자다. 하지만, 매주 많은 예배의 설교문을 작성한 지 꽤나 오래 되다 보니 글쓰기는 내 삶의 중요한 일부가 되었다. 창작의 고통은 나를 책 읽기와 공부로 인도했다. 내가 아는 크기가 지구라면 내가 모르는 것은 우주다. 성경 속 세계도 우주처럼 넓고 광활한데 난 아직도 지구 안에서도 한 귀퉁이 정도에서 헤매고 있는 느낌이다. 하나님을 알아 간다는 것 자체가 참 용기 있는 일이다 싶다.

그동안 나는 "목사님, 다음 책은 언제 나와요?"라고 자꾸만 묻는 청년들의 질문을 애써 외면했다. 솔직히 요즘은 유튜브가 대세이고 예전만큼 사람들이 책을 잘 읽지 않는다는 걸 알기에 스스로에게 동기부여가 잘 안 되었다. '읽어 주지 않을 책을 의무감에 꼭 써야 할까?' 하는 생각에 다음 책을 내는 것에 회의적이었다.

하지만, 갑자기 내 앞에 코로나 팬데믹이라는 금시초문의 녀석이 나타나서는 생각을 완전히 뒤집어 놓았다. 청년들은 전에 없던 온라인 예배를 오랫동안 드리게 되었다. 모든 소그룹 모임들도 다 온라인으로 했다. 직장도 교회도 온라인이었다. 취미생활도 넥플릭스로 드라마나 영화를 보는 것이 되었다. 갑자기 이건 아니다 싶었다. 온라인이 아닌 오프라인, 비대면이 아닌 대면이 그리워졌다.

그중에 하나가 책이었다. 팬데믹 기간 동안 다시 꺼내 읽은 책들이 제법 되었다. 좋은 영화도 그렇지만 좋은 책은 여러 번 읽어도 좋은 법이다. 그래서 나도 유행에 따라 빨리 지나가 버리고 마는 영상이 아니라 책을 더 많이 남기는 것이 더 지혜롭고 현명한 일이라는 생각이 들었다. 내 세 딸이 커서 아빠의 책을 읽으며 감사해하고 행복해하는 모습을 보고 싶다는 생각이 지금도 든다.

C. S. 루이스는 삼위의 하나님을 표현하면서 "하나님은 역동적이고 활기찬 생명"이시기에 "하나님은 춤과도 같은 분"이라고 말했다. 삼위 하나님의 춤은 인간에게도 혹등고래에게도 전염되었다. 하나님의 기쁨은 온 세상에 가득하다. 바다도 춤추고 산도 춤추고 구름도 춤추고 하나님의 모든 피조물은 역동적이고 활기찬 생명으로 춤추고 있다.

나는 이 책이 독자 여러분에게 잃어버린 춤을 다시 추는 활력소가 되기를 소망한다. 삼위일체 하나님과 함께 춤을 추는 기쁨이 회복되면 좋겠다. 하박국 선지자의 노래처럼 내 삶의 조건이 온통 불행의 늪으로 빠져든다 해도 "나는 주님 안에서 즐거워하련다. 나를 구원하신 하나님 안에서 기뻐하련다."(합 3:18) 라는 고백을 외칠 수 있기를 바란다. 홍해를 건너자마자 소고치며 춤추었던 그 춤이 광야 같은 우리의 삶 속에서도 그치지 않기를 축복하며 기도한다.